GERENTES
INEPTOS

...y otras reflexiones

Félix Socorro, PhD

GERENTES INEPTOS

...y otras reflexiones

Este libro le permitirá:

Reflexionar sobre la capacidad, actitud y desempeño de todos los colaboradores de diferentes cargos

Cuestionar algunos paradigmas empresariales y sociales generalmente aceptados

Conocer planteamientos y propuestas disruptivas para el logro de sus objetivos

Y, finalmente, explorar paradigmas emergentes y descubrir cómo cambiarán su percepción de la realidad contemporánea

Félix Socorro, PhD

GERENTES INEPTOS Y OTRAS REFLEXIONES

Primera edición

© 2020 by Félix Socorro, PhD

INDEPENDENTLY PUBLISHED

ISBN: 979-866-424-122-8

Revisión de contenido: Delys Palacios

Disponible en Amazom.com

A *Yosemite* (†)

Agosto 2000 – Abril 2016

CONTENIDO

0 | A modo de introducción

Cuando terminé de escribir Diálogos Gerenciales, a finales de 2008, un año después de haber publicado La Teoría del Saltamontes, ya había descubierto el título de mi próximo libro y cuál sería su contenido.

Tenía suficientes años en el mercado laboral y había experimentado muchas cosas en él, algunas muy significativas, las cuales me ayudaron a fortalecer mis conocimientos y afinar mis habilidades; otras un tanto decepcionantes.

En mis experiencias me encontré con personas en cargos de dirección que no estaban acadé-micamente formados para ello, personas que eran amigos, familiares o cercanos de personas influyentes y que por esa razón ocupaban un cargo tan importante en empresa.

Esas personas, en la mayoría de los casos tampoco poseían suficiente experiencia ni conocían bien la operación. A ellos los etiqueté como *Gerentes Ineptos*.

Pero no me enfrenté sólo eso, encontré empleados que literalmente no hacían nada y ganaban un salario igual o más alto que muchos de sus compañeros. Personas que pasaban desapercibidas por sus supervisores o que intencionalmente eran ignoradas por ellos para poder mantenerlos en esos puestos. A ellos los denominé *Empleados Ineptos*.

Sin embargo, lo que más me sorprendió fue encontrarme con organizaciones enteras, sin distingo entre sus filas, que tenían una cultura orientada a destruir cualquier intento de creatividad, motivación o desarrollo de su personal, en cualquiera de sus posiciones, ¡y aun así funcionaban! A esas empresas las archivé como *Organizaciones que matan*.

Así que, en 2008 había imaginado titular mi libro como *Triada Fatale*.

Imaginé que sería interesante escribir de esas tres cosas que me parecían decepcionantes en el campo administrativo y organizacional.

Pero no fue así. A final decidí llamarlo *Gerentes Ineptos* y luego buscar alguna frase para completar el título.

En 2009 salió a la venta Diálogos Gerenciales y varios cambios en mi vida profesional me impulsaron a concentrarme en otros temas.

En 2006 había salido a la venta el libro *El Secreto* de *Rhonda Byrne* y todo el mundo comenzó a hablar de pedir al universo lo que necesitaba. Así que dediqué varios años de mi vida explorando y estudiando el contenido de ese libro y buscando una manera de explicarle al mundo que desear no era suficiente. Terminé ese libro en 2011, al cual titulé *La Ley de la Repulsión*, pero no fue hasta 2014 que pudo salir al mercado.

En 2012 publiqué la primera versión de *Empleados sin sueños, Empresas sin almas*, a través de una editorial Europea que ofreció abrir ese mercado para mis libros, lamentablemente no fue así y después de 8 años publiqué una segunda versión ampliada, la cual sí cumplió con esa meta.

Entre 2014 y 2016 estuve involucrado en varios proyectos, y aun cuando seguí escribiendo, no pude retomar el libro que había pensado e ideado ocho años atrás.

En 2017 publiqué *Hablemos de las PyMEs* y a finales de 2019 lancé al mercado mi primer libro de cuentos, pensado para entretener a los niños y hacer reflexionar a los adultos sobre el desarrollo de las competencias blandas.

Fue en ese momento, después publicar *5 cuentos para nuestro niño interior*, que pensé en retomar este libro.

Al principio lo diseñé bajo la misma estructura de *Diálogos Gerenciales*, pero no me sentía del todo cómodo, así que quise probar el formato que ahora tiene y, la verdad, me siento muy satisfecho.

El libro explora casi la misma cantidad de los temas que contiene *Diálogos Gerenciales*, pero distribuido en secciones numeradas que facilitan la recordación y ubicación del contenido.

No sólo habla de los gerentes ineptos ni de los otros dos componentes de esa triada fatale, también explora otros temas que considero interesantes y que dan un balance entre los aspectos negativos, los neutros y los positivos del ejercicio gerencial y la manera en que las empresas funcionan.

Sin embargo, tal y como lo hago en *Diálogos Gerenciales*, también poseo una parte, entre mezclada con el resto, donde invito al lector a acercarse más a una plática, a una conversación entre amigos, que a leer el resultado de la experiencia de un consultor en un tema o área específica.

Es por esta razón que, al final, llamé a este libro *Gerentes Ineptos y otras reflexiones*, partiendo de la premisa que al lector también le interesará saber sobre otros contenidos que pueden o no estar relacionados con el tema principal.

El libro explora a la malévola triada fatale, cuestiona paradigmas organizacionales y administrativos que damos por ciertos, plantea una nueva forma de ver el resumen curricular y reflexiona sobre temas que son cercanos a la realidad de cualquier persona que haya sido empleada, trabajadora, gerente o emprendedora.

Si bien la idea no es otra que reflexionar sobre su contenido, el libro también aporta ideas que desafían a los paradigmas dominantes y que podrían llegar a convertirse en los próximos paradigmas.

Gerentes Ineptos y otras reflexiones posee el mismo estilo que me caracteriza, su lenguaje es sencillo, pensado para que, tanto expertos como los iniciados, puedan disfrutar de su lectura.

Espero que cada uno de los temas que aquí encontrarán coadyuve en su desarrollo personal y profesional, ya sea porque está de acuerdo con lo que lee o porque no coincida con él, en ambos casos su mente y paradigmas se verán involucrados y, de una forma o de otra, terminará aprendiendo algo, fortaleciendo algo o, simplemente, criticando algo, elementos esenciales para la generación de nuevo conocimiento.

Lee y conducirás, no leas y serás conducido

Santa Teresa de Jesús.

FÉLIX SOCORO, PhD

1 | Gerentes ineptos

Después de varios años de interactuar con empleados base, de coordinación, supervisión y de algunos niveles gerenciales; es imposible ignorar uno de los secretos más conocidos de la administración contemporánea: Poco más del 80% de los colaboradores consideran estar bajo la supervisión de un *gerente inepto*.

O lo que es peor, en algunas empresas los empleados consideran que ser *inepto* es un requisito indispensable para ocupar un cargo de supervisión, dirección o gerencia en ciertas y determinadas empresas, sumados a otros vacíos como, por ejemplo, no saber absolutamente nada del negocio, desconocer las nociones básicas de administración, carecer de habilidades para la comunicación o de aspectos elementales del trato con el personal.

Pero ¿qué debemos entender por ineptitud? Se debe entender por ineptitud la carencia de aptitud para una cosa, la inhabilidad e incompetencia, e incluso la muestra de necedad o incapacidad para un algo en particular.

Un *gerente inepto* es aquella persona incapaz de aceptar sus limitaciones (aunque puede saber que las tiene), así como de generar un ambiente grato e inspirador en el escenario laboral. Es una persona que

También entran en esa clasificación aquellos individuos, responsables de cargos de supervisión y dirección que, de manera consciente o no, inducen a los subordinados a experimentar sentimientos de rechazo o desaprobación por el estilo gerencial que muestra, el cual suele ser poco acertado y, a la vez, muy autocrático.

Es importante aclarar que con esa denominación no se pretende ofender a ninguna persona. Se trata de una realidad a la que cualquier empresa se expone, ya sea por fallidos procesos de selección o la omisión de tales procesos.

No obstante, falta de capacidad puede ser debidamente detectada y corregida en la mayoría de los casos.

Es verdad, resulta difícil tratar este tema sin caer en la subjetividad, de hecho sería contradictorio no hacerlo porque tales afirmaciones provienen de la percepción, por parte de sus subordinados, del ejercicio gerencial y supervisorio de su superior y, por supuesto, la percepción no siempre es objetiva.

Señalar que un gerente es inepto, de manera inequívoca, depende de muchos factores, pero, en algunos casos, dichas conclusiones tienen sus bases en hechos concretos e irrefutables, así como en situaciones donde resulta evidente la ausencia de conocimientos prácticos, e incluso teóricos, de esas personas que tienen la responsabilidad de dirigir una unidad de negocios, cualquiera que esta sea.

Esas situaciones son claras y evidentes para quienes las viven y las experimentan, pero, en algunos casos. carecen de tal claridad (de una manera incomprensible), para el resto del personal que labora en la empresa, sobre todo para los miembros de la junta directiva, socios o dueños, a quienes reporta el gerente que, para sus subordinados, es considerado inepto. En algunos casos la carencia de conocimientos y habilidades de estos gerentes pasa totalmente desapercibida por largo tiempo.

Aunque parezca exagerado no lo es, ocho de cada diez empleados tienen quejas de la manera en que son gerenciadas. Esto se repite cuando se pregunta a los subordinados si su supervisor conoce lo suficiente del negocio o del trabajo que ellos realizan, la mayoría responde que no.

Claro, con relación a la segunda opción, esta proporción no aplica en cadenas de comida rápida, ni en franquicias, o en cualquier otro tipo de negocios donde es un requisito fundamental conocer suficientemente bien todo el proceso operativo antes de ocupar un cargo de dirección.

Sin embargo, lo anterior no exceptúa los casos en que se consideran ineptos a los gerentes por carecer de otras habilidades distintas al conocimiento de la operación. Algunos de ellos no han desarrollados las habilidades blandas que requieren tales cargos o no poseen la actitud que se requiere para generar vínculos.

Como se sabe, los empleados quejarse de sus supervisores en ambientes seguros, donde sus jefes no está ahí para escucharlos. Lo hacen de manera clandestina en los baños, escaleras, comedores o en cualquier espacio que les proporcione cierta seguridad para expresar de manera abierta y sin censura, lo que opinan de su superior. Y esto ocurre en todos los niveles.

Las quejas van desde simples contradicciones hasta el efecto psicológico que genera saber que se está siendo gerenciado por una persona que no posee las competencias mínimas para hacerlo y que, en ciertas ocasiones, está por debajo del conocimiento y experiencia que poseen sus subordinados.

Razones por las que pueden aparecer gerentes ineptos

Se pueden listar algunas de las razones por las cuales puede aparecer, en una organización, un gerente inepto.

Ahora bien, es prudente aclarar que las razones que se expondrán han sido documentadas con base en experiencias directas con empresas, de diferentes actividades económicas, que han padecido de este fenómeno administrativo.

Si bien las razones que se listarán aplican sólo para la empresas estudiadas, ya que resultaría irresponsable decir que aplica para todas; el resultado puede inspirar reflexiones en cuanto al tema en otras organizaciones, e incluso, en individuos que ocupen cualquier posición jerárquica, pues, como es de suponerse, ninguna empresa está exenta de incurrir en las prácticas que hacen posible la aparición de los gerentes ineptos.

Algunas de ellas, las más comunes son:

Se les ha dado un cargo de dirección porque poseen antigüedad en la empresa

El tiempo de permanencia en un mismo cargo hace suponer que algunas personas manejan y conocen a plenitud cómo se hace el trabajo. Esa creencia se acentúa cuando la operación fluye sin errores importantes o, dichos errores, no son del conocimiento de los superiores, ya sea porque se omiten o porque no son expuestos en su totalidad.

Si bien es cierto que la experiencia se adquiere con el tiempo, no es menos cierto que no todas las

22

personas aprovechan el tiempo para acumular experiencias.

La anterior afirmación procura destacar que es un error suponer que la larga permanencia en un puesto de trabajo es suficiente para deducir que la persona conoce y maneja la operación en su totalidad.

No es un secreto que existen tres tipos de empleados: los que sobresalen, los que realizan la labor con un rendimiento promedio y los que son deficientes.

En buena parte de los casos, el acierto de las dos primeras categorías puede crear la ilusión de que todo el equipo es eficiente en sus funciones, por lo no puede apreciarse en conjunto las fallas individuales.

También es muy común que las personas eficientes sean promovidas a otros cargos o reciban ofertas de otras empresas, por lo que no son, necesariamente las que más tiempo cumplen en un cargo o en la empresa misma.

Sin embargo, los empleados promedio y los empleados menos eficiente son los que, en buena medida, se mantienen por largos periodos en una posición, o bien, en una empresa. Esto ocurre porque esos empleados saben que no pueden competir en el mercado y les resulta más seguro mantenerse empleados mientras puedan.

Por lo tanto, cuando se les evalúa por su longevidad y, con base en ello se les promueve, la empresa corre el riesgo de experimentar el llamado *Principio de Peter* [1], o bien, descubrir que una persona relativamente eficiente en un cargo, termina siendo incompetente uno de mayor jerarquía.

Es por ello que se hace necesaria la capacitación constante y la evaluación de resultados individuales en todo momento, ya que sólo así la empresa tiene la garantía de estar promoviendo a la persona con las competencias adecuadas que el cargo exige.

No se les evalúa con objetividad porque están relacionados con el dueño o personas influyentes de la empresa.

Algunas personas llegan a ocupar cargos gerenciales debido a que son parientes, allegados o amigos muy cercanos a alguna persona de peso en la organización.

También se da el caso que, gracias a la cercanía, son personas recomendadas como "buenos profesionales", leales y confiables, ideales para conocer lo

24

que está pasando en la empresa puertas adentro, además de ser considerados como parte de la familia.

Aunque no necesariamente es el caso menos común, también puede tratarse de individuos a quienes se le deben favores o existe alguna deuda moral, sentimental, política, económica o de cualquier otra índole que obliga a mantenerlos en cargos de envergadura.

Estos gerentes designados, usualmente ostentan algún tipo de experiencia que supone la asimilación de las operaciones por contraste, pero ello no garantiza que así sea, por lo que terminan recargando a los subordinado con las tareas y responsabilidades que no pueden completar o asumir respectivamente.

Si bien el *nepotismo* [2] puede justificarse en las empresas de familia, justamente por su naturaleza, no es menos cierto que la designación de una persona a un cargo gerencial, sin estar cualificada para ello, no es un buen ejemplo para los empleados ni incrementa la identificación con la empresa, especialmente cuando resulta evidente que la persona no posee ni la experiencia, ni el conocimiento ni la formación para ocupar el puesto.

El principal problema es que las empresas asumen que el vínculo que une a la persona con el cargo y, a su vez, con la empresa; puede pasar desapercibido a los ojos de los demás empleados. Nada más lejos de la verdad.

Usualmente los empleados descubren con facilidad la relación familiar, el nexo de amistad, e incluso, la existencia de la deuda que justifica tan infame designación, por encima de empleados realmente calificados, generando entre ellos desmotivación, desinterés y, en la mayoría de los casos, resentimientos en contra de la empresa y sus representantes.

Se les considera importante porque son personas con títulos y reconocimientos de envergadura

---

No cabe duda que una persona debidamente formada y con los conocimientos necesarios para ejercer un cargo es digna de ser promovida y, con ello, sumar experiencia a su carrera profesional.

No obstante, en algunos casos, haber culminado una carrera no garantiza que el conocimiento esté presente.

Suele ocurrir que, algunas empresas, se apresuran en promover a cargos de gerencia y dirección a personas que, en teoría, poseen todo lo que se requiere para manejar una operación con éxito.

Esa decisión se basa principalmente en los logros académicos de los cuales presume el empleado y, por lo tanto, se deja a un lado la experiencia asumiendo que es suficiente el manejo de la teoría.

En este punto suele existir una combinación con el punto anterior, ya que, debido a la relación, o el vínculo estrecho entre la empresa y la persona; no siempre se comprueba si la titulación es real, o bien, si ha sido adquirida cumpliendo los requerimientos académicos para ello y, en algunos casos, sólo se asume su existencia, teniendo como única garantía de ello la palabra del recién designado gerente.

El principal problema que presenta asumir que la persona posee el conocimiento del que hace alarde, sin confirmarlo, es que los empleados suelen percatarse rápidamente del desconocimiento de conceptos, la confusión de terminologías, e incluso, el uso inadecuado de expresiones, sin dejar a un lado las estrategias fallidas por causa de la incapacidad de analizar correctamente los escenarios ante una toma de decisiones.

Cuando a un empleado se le vende la idea de que está siendo gerenciado por un profesional completo, del cual se posee absoluta confianza; y éste descubre que no es así, la pérdida de confianza en la empresa y de respeto en el gerente y en quienes lo designaron, ocurren simultáneamente.

Se pierde la oportunidad de cuestionarlos porque son individuos con una importante habilidad de palabra

---

La máxima única de los *Nuevos Paradigmas de Selección* [3] señala que *la diferencia no está en lo que se sabe sino en lo que se ignora*, al momento de elegir a una persona frente a otra.

Es un hecho que existen personas con la increíble capacidad para convencer a la audiencia en situaciones de dudas o conflictos, haciendo uso apropiado de la información conocida y agregando una buena dosis de datos generalizados o de difícil comprobación.

28

Estas personas parecen hablar con propiedad de temas y situaciones que resultan de interés para la empresa, aun cuando ni ellos mismos sean capaces de comprenderlas en su totalidad, no obstante, ante el desconocimiento de la audiencia, se posicionan como expertos en el tema y ello hace suponer ese nivel de involucramiento y agudeza que suele ser característico de los gerentes aptos.

Estos gerentes ineptos hacen uso de la máxima antes mencionada, se aprovechan del desconocimiento de los demás y se esfuerzan por parecer conocedores y experimentados.

En buena parte de los casos, terminan por sobrecargar de trabajo a sus subordinados para acceder a datos e información que les permita mantener la fachada de competentes, haciendo que los colaboradores accedan a la información y al conocimiento de los que ellos alardean pero que, en realidad, no poseen.

Su superior es tanto o más inepto que él

Se atribuye a John F. Kennedy la frase *"un hombre inteligente es aquel que sabe ser tan inteligente como para contratar gente más inteligente que él"*. Pero esto no es algo que ocurre cuando quien dirige a las personas que dirigen es un gerente inepto.

Cuando el desconocimiento de la operación, el negocio o cualquier elemento práctico o teórico está ausente en los niveles más altos de reporte, resulta aún más difícil identificar la existencia de la incapacidad en los subordinados, esto ocurre porque quien debería hacerlo no cuenta con los fundamentos para oponerse a los planteamientos o acciones que demuestren ineptitud en el ejercicio de un cargo.

Si una persona que no sabe sumar le pregunta a otra que tampoco sabe, jamás será capaz de asegurar si el resultado de su adición es correcto y, como no sabe, carece del derecho moral de señalar la ignorancia del otro.

Lo anterior representa un verdadero problema para cualquier empresa que experimente esta situación, ya que pone en riesgo no sólo la salud financiera de la empresa, también lo hace con la operatividad y la calidad de sus productos y servicios.

Aceptar que no se posee el conocimiento, ni la experiencia ni la calificación para algo en particular es una actitud madura y profesional, lo que usualmente conlleva a rodearse de gente que sea capaz de cubrir esas fallas, pero si se es un gerente inepto y, además, se contrata o se promocionan a personas con similares características, no se puede esperar más que una debacle.

Características de los gerentes ineptos

Aunque parezca difícil de aceptar, la existencia de gerentes ineptos es una realidad, los hay por doquier y, en la mayoría de los casos muestran las mismas características, algunas de ellas son:

Confunden gerenciar con gobernar

Un gerente capaz se involucra en la operación y busca la manera de facilitar el proceso haciendo uso del trabajo en equipo, en cambio el gerente inepto sólo exige soluciones desde su despacho estableciendo tiempos y especificando el contenido de los resultados sin tener la más mínima idea de lo que pide.

Al puro estilo de un gobernante, el gerente inepto espera que las cosas se hagan cuándo, cómo y de la manera en que él (o ella) desea que se hagan, aun cuando no necesariamente se respete el orden del

31

proceso y su lógica y, en algunos casos, se desafíen las leyes físicas que rigen el tiempo y el espacio, porque hacen pedidos para "ayer" con características propias de "mañana".

Se dirigen a sus empleados como si éstos fuesen sus súbditos, alterando sus horarios de trabajo, descanso y alimento, únicamente para complacer un capricho o hacer una solicitud que pudo haber esperado unos minutos más en realizarse.

Tratan al personal como si, en lugar de estar realizando una labor profesional, hubiesen vendido sus almas y, por lo tanto, deben pagar el precio que ello significa.

Esos gerentes ineptos asumen que su autoridad es suficiente para que el área en que trabajan marche al ritmo que ellos señalan e imponen, nadie debe pensar por su cuenta ni actuar sin el debido permiso que él (o ella) conceda.

Se creen dueños del área, departamento o unidad de negocio a cargo, como si se tratara de una *isla organizacional* [4], donde ellos y sólo ellos tienen el poder para gobernarla.

Siempre están ocupados y jamás tienen tiempo

Un buen gerente organiza y administra el tiempo, establece prioridades y sabe que no todo es urgente. Un gerente apto comprende y valora las necesidades de su equipo y está consciente de la curva del agotamiento mental y físico tanto de su personal como la de sí mismo.

Para un gerente inepto se requieren días con más de treinta y seis horas. Para el (o ella), todo es urgente y debe realizarse "para ayer". Debido a la carencia de conocimientos prácticos y/o teóricos, les coloca a todos los procesos el mismo sentido de prioridad y se justifica señalando que "así es la empresa". Este tipo de gerentes exige el triple de esfuerzo a su personal, los obliga a trabajar sin reparar en el tiempo, pero cuando tiene un compromiso, fuera del ambiente laboral, no duda en retirarse.

Siempre está ocupado.

No tiene tiempo para reunirse con sus colaboradores. Siempre se le ve al teléfono, aunque nunca se sabe qué tanto habla o hace en él.

En algunos casos, estos gerentes ineptos trabajan en un ambiente completamente desordenado y

33

caótico, esa estrategia les permite aparentar que están copados de trabajo y no tienen tiempo ni para ellos mismos.

En otros casos, sus oficinas son impolutas e impecables, transmiten un ambiente ejecutivo de tal nivel de organización que resulta difícil cuestionar la capacidad del individuo en cuanto al orden y ejecución de sus procesos.

No obstante, en ambos casos, parecer ocupados todo el tiempo es una característica que se repite, especialmente cuando los requerimientos provienen de subordinados o personas que, en apariencia, no alimentan sus egos.

Ahora bien, cuando se trata de las personas a las que ellos reportan, o bien, alguna entidad de la que pueden sacar algún beneficio, las agendas suelen liberarse sin dificultad y ajustarse al requerimiento.

Se muestran seguros y poderosos ante sus empleados pero nerviosos y complacientes ante sus supervisores

Un gerente apto conoce a detalle su operación y es capaz de defender sus alegatos y posiciones con explicaciones sólidas e irrefutables. No sólo es capaz de dar respuesta a problemas presentes sino que se

34

adelanta a los acontecimientos, tomando acciones hoy para estar equilibrados mañana.

En cambio, un gerente inepto grita y vocifera ante sus subordinados, haciendo uso del poder que le confiere la posición pero duda, vacila o calla ante el cuestionamiento que le realiza cualquier superior.

Esa situación no es ajena a sus subordinados, quienes le ven envalentonarse cuando se trata de problemas hacia el interior del área, pero actuar tímido y cauteloso cuando tiene que enfrentarse a la alta directiva.

También es común que los gerentes ineptos griten a sus empleados, o los maltraten verbalmente, cuando se dirigen a ellos en video llamadas, o a través del teléfono, saben que la distancia y el medio impiden que ocurra algo que los ponga en riesgo, no obstante, se muestran sosegados y atentos cuando se trata de reuniones uno a uno, donde la otra persona no necesariamente responda de la misma manera.

Se les observa soberbios, engreídos y extremadamente seguros, durante las reuniones internas, especialmente cuando ellos la dirigen. Saben de todo, opinan de todo y corrigen a todos en cualquier tema que surja y que él (o ella) considere de su competencia.

Pero en los altos comités permanece callado, se muestra atento a lo que los demás hablan y no emite opiniones, a menos que sea estrictamente necesario, las cuales suelen no ser del todo precisas, o bien, simplemente orbitan temas ya tratados y que no están sujetos a escrutinio o discusión, zafándose de los temas delicados manifestando que carecen de información reciente o que consideran que deben indagar más sobre el tema para ser lo más precisos al opinar de él o dar un informe al respecto.

En esas reuniones, los gerentes ineptos reducen al máximo las expresiones de disgusto o desaprobación, no se imponen, no gritan, no hablan de lo que no saben e intentan, constantemente, concordar con quien está por encima de ellos en la cadena de mando.

No delegan funciones, dependen de su gente

Los buenos gerentes aptos conocen la operación, manejan el negocio, saben cómo se comporta el mercado y lo que esperan los clientes, por lo tanto, ante una situación inesperada, son capaces de tomar las riendas de cualquier parte del proceso para que éste no se detenga. Si se debe facturar, embalar e incluso transportar una mercancía, sabrán cómo hacerlo, están preparados para ello y tienen la experiencia que se requiere.

Sin embargo, los gerentes ineptos se dedican a justifican la ausencia de buenos resultados en situaciones cuando el personal, que ha asignado para una tarea en particular, no asiste a sus labores. La verdad tras dichas justificaciones que es que no sabe cómo mantener el flujo del proceso y depende de su personal para dar respuesta a la operación.

Al delegar, los gerentes aptos evalúan las brechas que poseen sus colaboradores entre las competencias deseadas y las desarrolladas. Delegar es una forma de empoderar a su personal para formarlo y permitirle tomar decisiones, adquirir experiencia y criterio.

El gerente inepto usa la acción de delegar para que la operación fluya y no sea posible demostrar que carece del conocimiento necesario que requiere el proceso, esto hace que dependa de manera directa y significativa de sus subordinados, sin ellos frente a la labor no habría resultados.

Los gerentes ineptos no delegan, dependen de sus empleados, como están al tanto de eso mantienen a su lado a las personas que le permiten quedar bien y dar la impresión de ser un buen administrador, en algunos casos, impidiendo que esos empleados puedan ser promovidos o trasladados a otras áreas.

Son aduladores, serviles con sus jefes y exhibicionistas

Un gerente apto no necesita promocionarse dentro de la empresa, la calidad de sus resultados y el buen ambiente que produce su gestión son elementos suficientemente importantes para ser valorado y considerado por quienes lo supervisan.

Pero, en el caso de los gerentes ineptos, no ocurre lo mismo, siempre andan haciendo eco de lo que realizan, resaltando sólo aquello que consideran valioso ante los ojos de sus jefes, a quienes atienden y complacen de una manera servil y no siempre ética, sin importar la imagen que se forjen ante sus subordinados.

Delante de sus superiores se muestran incansables y dedicados, manifestando que si no fuera por su

38

"estilo gerencial" la operación no sería un éxito, obviando por completo el esfuerzo de su equipo de trabajo.

Algunos llegan a los extremos, no les importa ir a buscar a sus jefes al aeropuerto, invitarles las comidas y hasta buscar elementos de distracción y entretenimiento, pensando que con ello se concentrarán más en el servicio recibido que en los resultados que ofrece la operación.

Constantemente destacan los logros de sus jefes, los momentos emblemáticos de sus actividades, destacando que se sienten inspirados por ellos y que desean seguir sus pasos.

Es fácil reconocer esta característica porque el ego es el protagonista. No se trata del equipo, todo cuanto se ha edificado o logrado durante su permanencia en la empresa, ha sido gracias a él (o a ella), a su experiencia o conocimiento, a su agudeza para el negocio, el equipo que lo rodea no es más que un simple accesorio, sin duda, igual lo habría podido lograr sin la ayuda de ellos. Suelen venderse como indispensables.

Viven en un constante estado de alerta

Los gerentes aptos buscan el equilibrio entre la empresa y su personal, saben que sólo así se logran cosechar buenos frutos. Evitan el estrés y las presiones innecesarias, promueven la camaradería y el espíritu de equipo, no invaden la privacidad de sus empleados y, sobre todo, extienden, en la medida de lo posible, los espacios de esparcimiento y recreación de sus colaboradores generando un ambiente de trabajo bajo las especificaciones de la *Filosofía TEA* [5].

En cambio, para los gerentes ineptos, suelen mantener un clima de zozobra y estrés en la empresa, de manera asidua y repetitiva.

Constantemente, le dicen al personal que las cosas van de mal en peor y, por lo tanto, deben aceptar las condiciones que él (o ella) les imponga en el ambiente laboral pues, de lo contrario, estarían arriesgando sus empleos.

Invaden el espacio personal de sus empleados, les impiden recrearse, distraerse, escriben a cada instante, ya sea enviando correos electrónicos o mensajes a través de los servicios especializados para ello.

Crean grupos en WhatsApp, o en cualquier otra plataforma, para mantenerse conectados y poder enviar comunicaciones masivas, cualquier día y a cualquier hora. Inventan reuniones a primera hora de la mañana de los lunes, o bien, extienden las reuniones de los viernes hasta entrada la noche.

Convoca a sus empleados a reuniones casi toda la semana y, al mismo tiempo, les exige cumplir con los plazos establecidos, haciendo que el personal tenga que hacer uso de sus horas de descanso para poder ofrecer los resultados esperados.

Para estos gerentes siempre hay una crisis que requiere de atención y cuidado, siendo ellos los únicos capaces en sortearla, por esa razón dedica horas enteras a explicar cómo quiere que se hagan las cosas y, cuando no resultan de la manera esperada, señalan a sus empleados de no haber sido capaces de hacer planteamientos que mejoren la operación pero, cuando lo hacen, les recuerda que quién es el jefe.

Si no hay alertas, crea una para que la haya.

Son necios y obstinados

Los gerentes aptos manejan el estrés y la inteligencia emocional, escuchan recomendaciones y promueven la creatividad y la innovación. Para ellos, lo importante es el resultado, por lo que no necesitan ver al personal sentado en sus oficinas, saben que trabajan en lo que se les ha encomendado y confía en ellos. Son un equipo.

En cambio, un gerente inepto, se muestra constantemente estresado y malhumorado, se empeña en que las cosas deben hacerse como él lo dice y especifica el más mínimo de los detalles, aun cuando lo que desea expresar no se vea reflejado en sus demandas. Suele emplear expresiones tales como "trate de no ser creativo" o "no se le paga para pensar".

Se mantienen inflexibles y defienden sus ideas y planteamientos a capa y espada, hasta que no hay otra salida que aceptar que se han equivocado y, aun así, señalan a otros como los responsables de su error, ya sea porque cree haber recibido información incorrecta, incompleta o desactualizada, aunque no sea cierto.

Siempre tienen la razón, aun cuando se equivoquen y quede demostrado, la razón siempre les pertenece. Algunos argumentan que no se han equivocado, sea lo que sea que hayan hecho no era más que una prueba para conocer hasta qué punto sus empleados eran capaces de llevar a cabo una operación con datos o pasos incorrectos.

Si las cosas no se hacen como lo piden se disgustan y lanzan improperios. Si los resultados obtenidos, haciendo las cosas como las pidió, son malos; culpa de manera inmediata a los subordinados, tildándolos de incapaces. Si los empleados hacen las cosas a su manera y los resultados son correctos, inmediatamente busca el más mínimo error o la probabilidad de ocurrencia de uno, para centrar la discusión en lo que hubiese pasado y no en lo que pasó.

Cabe destacar que lo expuesto anteriormente no se cumple en todos los casos, existen gerentes ineptos cuya tipología es única y particular siendo casi imposible encuadrarlos en características similares a las comentadas, pero cuyo impacto en el personal conlleva a identificar y señalar su ineptitud.

Consecuencias de tener a un gerente inepto

Ahora bien, y esto es quizás lo más importante, un gerente puede ser inepto para algunas cosas pero mostrar una habilidad única y extraordinaria para otras, pues de lo contrario sería tan evidente su carencia de aptitudes que no duraría el tiempo suficiente en la empresa para poder clasificarlos.

Los gerentes ineptos suelen ser muy hábiles en la palabra, en el montaje de escenarios que los favorezcan, en dar una buena impresión a las personas que no los conocen o que no son del área donde opera, e incluso, en parecer verdaderas lumbreras en el campo administrativo.

Estas personas estudian y ordenan las expectativas que los altos mandos poseen sobre los resultados que deben dar y se las ingenian para quedar bien frente a ellos, sin importar el costo en el capital humano que ello genere.

En la mayoría de los casos conocen sus limitaciones, aunque no las acepten, por lo que se valen de artilugios para alinearse con las personas que pueden ofrecerles soluciones o ideas que posterior-mente mostrarán como el fruto de su experiencia y reflexiones. No se rodean de personas inteligentes, pero saben quiénes son y saben cómo obtener información de ellos.

Algunos simplemente buscan información en internet antes de reuniones o encuentros para parecer conocedores del tema o que manejan la información, pueden ser ineptos en la operación pero no son tontos.

Después de todo lo señalado, cabe preguntarse: ¿Cómo afecta al personal o a la empresa a presencia de gerentes ineptos?

Puede decirse que los afecta de muchas formas, pero las principales consecuencias son las siguientes:

Generan sentimientos de frustración

Cuando un empleado descubre, o se percata, que su experiencia y su nivel académico están por encima de la persona que lo supervisa, no tarda en experimentar un profundo sentimiento de frustración.

Lo anterior ocurre debido a que, en la mayoría de los casos, las personas suelen asociar a sus jefes con personas que han alcanzado un significativo nivel académico y, a la vez, han acumulado la experiencia y el conocimiento necesario para ocupar cargos de dirección en las empresas, por lo que le resulta contradictorio, e incluso frustrante, encontrarse frente a un escenario donde el subordinado esté mejor preparado que su jefe.

No obstante, puede ocurrir que, aun cuando el nivel académico los separe, sea la actitud y el estilo evidente del gerente lo que genere mayor frustración, pues no se encuentra respuesta a la pregunta ¿cómo pudo llegar una persona sin las aptitudes correctas a esa posición?

Otro hecho que puede resultar frustrante, para los empleados, corresponde a la necesidad de buscar soluciones y respuestas en otras fuentes distintas a la del gerente del área, quien, por línea jerárquica, debería estar en posición de orientar, enseñar y corregir a sus empleados.

Como, en buena parte de los casos, los gerentes ineptos han llegado a esa posición sin saber de la operación, no son capaces de dar soluciones a los problemas operativos o inherentes al proceso que los subordinados llegan a experimentar, haciendo que sean ellos quienes se encarguen de encontrar la solución, e incluso, a convertirse en verdaderos expertos mientras al gerente inepto se le compensa de mejor manera por algo que no hace y que, peor aún, no sabe hacer.

Reduce o suprime la motivación

Un gerente apto sabe que no puede motivar a sus empleados pero sí puede crear las condiciones para mantenerlos motivados, tal y como lo explica la *coestima* [6], en ese sentido, busca hacerse de todo aquello que genere valor al grupo e impulse su bienestar y equilibrio.

Pero, cuando un empleado está frente a un gerente inepto, suele perder la motivación, especialmente cuando el escenario donde se desenvuelve es contrario a sus principios, valores y a los motivos que lo llevaron encontrarse en esa posición.

Un principio básico establece que las personas correctas deben estar en los lugares correctos, si bien es un ideal que no siempre se cumple, suele afectar negativamente a la motivación cuando ese principio se contradice y resulta evidente que una persona incapaz se encuentra al frente de un área.

Es simple, cómo puede sentirse motivada una persona con estudios y experiencia que es dirigida por alguien que no posee ninguna de esas dos cosas.

Por muy atractiva que sea la labor, e incluso, por muy alto que sea el prestigio de la empresa, si un empleado se percata de la ineptitud de su jefe, resulta lógico que se desmotive y más si sabe que él podría realizar un mejor trabajo si le permitieran ejercer ese cargo.

Produce pérdida del interés por el trabajo

Cualquiera puede hacerse el mismo planteamiento: Si una persona inepta es capaz de ocupar un cargo de envergadura en la empresa ¿para qué esforzarse?

Un principio básico del desempeño profesional señala que a mayor esfuerzo y dedicación, mayor será la recompensa.

En las empresas, esa recompensa se asocia con ascenso en los niveles jerárquicos, de dirección y/o responsabilidad.

Usualmente, un profesional reconoce que no se le haya considerado para un ascenso cuando ha observado que la persona elegida, sin lugar a dudas, merece el reconocimiento por su trabajo y dedicación.

Pero, cuando se observa que la persona que ejerce el cargo, o bien, que ha sido promovida a una posición de dirección, no posee méritos para ello, es lógico que las personas cuestionen la objetividad y concluyan que, en ese caso en particular, esforzarse no es un elemento diferenciador en esa empresa.

Si bien es cierto que un profesional siempre se comportará como tal, sin importar que otros no lo hagan; no es menos cierto que, ante un escenario donde vale más una relación de amistad, un nexo familiar o el cobro de un favor para ejercer un cargo de dirección, que un desempeño impecable y sobresaliente; el empleado pierda interés en lo que hace y en la empresa en donde labora, inclinándose por hacer uso de la *Teoría del Saltamontes* [7] para ubicar una organización donde se le reconozca por lo que aporta y la manera en que lo hace, y no porque es amigo o familiar de una persona de influyente en el orden jerárquico de la empresa.

¿Pueden ser útiles los gerentes ineptos?

La existencia de un gerente inepto no necesaria-mente trae consigo consecuencias negativas para los empleados, aunque esto depende del tipo de persona que se enfrente a ello.

La respuesta ante esa situación puede ser observada desde dos ángulos:

- **Personas con orgullo implosivo:** Se dejarán consumir por los sentimientos de frustración, desmotivación y desinterés dejando a un lado sus expectativas y sueños para aceptar, sin reparos, ser gerenciados por personas que carecen de la capacidad elemental para hacerlo. Se limitarán a expresar sus angustias, desacuerdos y opiniones en lugares seguros donde tales comentarios no lleguen a oídos de sus jefes para así garantizar su permanencia en el trabajo. Estas personas suelen resignarse, creen que no pueden luchar contra la realidad que supone la presencia del gerente inepto y deciden vivir con ella, abandonando sus sueños y expectativas por una sensación de seguridad que puede llegar a ser momentánea. Se dicen a sí mismos: *"no tengo ningún vínculo que me permita llegar a una posición como esa, es mejor no tentar a la suerte"*.

- **Personas con orgullo explosivo:** Fortalecerán sus metas y objetivos para alcanzar sus sueños. Estas personas luchan por no dejarse arrastrar por sentimientos vinculados a la derrota o desmotivación, los cuales le resultan adversos a sus expectativas ya que le impiden avanzar en su desarrollo y los invitan a mostrarse pasivos ante la presencia de ese tipo de gerentes. Estas personas observan la situación que experimentan como pasajera y se esfuerzan por destacar y demostrar el manejo óptimo de la operación, sino pueden hacerlo en el mismo escenario procurarán su participación en otro. Se les verá continuar estudios, prepararse con cursos de actúalización, participar en eventos donde puedan hacer networking [8], lo que les permitirá crear relaciones que puedan ser de utilidad al momento de buscar nuevas y mejores opciones en el mercado. Se dicen así mismas:

"si esa persona llegó a esa posición sin ser apto, yo podré aspirar a una mejor".

La presencia de un gerente inepto será devastadora y frustrante en la medida en que se considere inevitable e insuperable, de lo contrario puede servir como el combustible que impulse una mejora personal que culmine en un cambio de escenario, el cual debería ser mejor al que se deja atrás.

Profesionalismo y objetividad.

Quienes tienen la responsabilidad de dirigir una empresa deben mantener la objetividad al hacerlo, deben orientarse a seleccionar al personal que posea tanto la actitud como la aptitud necesaria para ocupar cargos gerenciales.

Si bien es cierto que, en algunos casos, puede funcionar por algún tiempo la tenencia de gerentes ineptos al frente de una operación; no es menos cierto que, tarde o temprano, ello traerá consecuencias negativas que pueden poner en riesgo a la organización.

Es un hecho cierto que los empleados no renuncian a la empresa, usualmente renuncian al gerente, a la persona que está a cargo, lo que debe ser un punto de reflexión para todo aquel que posee personal subordinado y que sabe, de alguna manera, que no está en condiciones de gerenciarlo.

Lo anterior es una de las causas por las que hay fugas de cerebros, y de los buenos empleados en las empresas; las personas que deciden retirarse de organizaciones sólidas y prometedoras debido a la existencia de un gerente inepto al frente del área donde laboraban.

A veces, lo que parece obvio puede ser simplemente una ilusión o la consecuencia de la acción de un paradigma que impide ver la realidad, por lo que se aconseja estar atento al estilo gerencial del personal que se posee en cargos de dirección. Es importante prestar atención a los resultados que arroja la medición del ambiente y del clima laboral, así como a los índices de rotación de cualquier área pues, una empresa puede estar perdiendo al mejor talento por causa del ejercicio y la presencia de un gerente inepto.

Ahora bien, es importante comentar que no todas las personas que son colocadas en posiciones de envergadura por ser familiares, amigos o cercano a los dueños de un empresa son o se comportarán como gerentes ineptos.

En algunos casos, las personas que ocupan posiciones de dirección debido a el pago de favores, nexos con la familia, amistad o compañerismo, logran hacer la diferencia e impulsar un área como ninguna otra persona lo ha hecho.

Esos casos responden a personas preparadas, experimentadas y conocedoras de la operación que, si bien no han llegado a esa posición después de años en la empresa, saben de lo que hablan, de lo que hacen o de lo que alardean.

Un gerente inepto puede llegar a ejercer el cargo después de años de ejercicio laboral o, simplemente, llegar de la noche a la mañana, lo que lo hace inepto no es cómo llegó a la posición, sino la manera en que la ejerce y la actitud que demuestra al hacerlo.

2 | Empleados ineptos

Sí, así es, sin duda alguna, así como existen *gerentes ineptos*, también abundan en las empresas los *empleados ineptos* y resultan, incluso, más comunes que los anteriores, lo que hace su existencia aún más desconcertante ya que pareciera no existir razones lógicas que expliquen por qué siguen formando parte de la nómina.

Al igual que en el caso anterior, el uso de la palabra *inepto* no pretende ofender a nadie, con ella se hace referencia a las personas que no poseen la capacidad para realizar una actividad u operación de manera eficiente, eficaz y efectiva.

Los empleados ineptos no son otra cosa que aquellos individuos, sin importar su lugar en la empresa, que no solo cumplen con su trabajo a medias, con resultados

EMPLEADOS INESPTOS [TRIADA FATALE]

de dudosa calidad, sino que atrasan o entorpecen el ejercicio profesional de los demás. Empleados que suelen ser insidiosos, conflictivos, envidiosos y que agregan poco valor a los equipos donde laboran.

Lo más desconcertante, en este caso, es que todos los miembros de la empresa parecen saber quiénes son los empleados ineptos, ya que son fáciles de identificar ya que tienden a poseer dos facetas inconfundibles, la primera de ellas es que se muestran al extremo ocupados, con escritorios repletos de papeles, notas, documentos y cuanta cosa que sugiera trabajo pendiente, aunado a expresiones que manifiestan la falta de tiempo y el exceso de responsabilidades. La segunda faceta los muestra involucrados en cualquier proyecto que aparece o es propuesto, así como en reuniones, visitas o actividades que lo alejan de las instalaciones de la empresa y que resultan la excusa perfecta para no terminar a tiempo sus asignaciones.

Por supuesto, que existen variaciones y combinaciones diversas e interesantes que amplían de manera considerable las dos características antes mencionadas de quienes pueden ser tildados como empleados ineptos.

Ahora bien, la ineptitud a la que se hace mención también hace referencia a la ausencia de adición de valor a los procesos administrativos, o de producción de bienes y servicios de la empresa donde están presentes y no exclusivamente a la capacidad o incapacidad demostrada en su ejercicio profesional.

Otras características de los empleados ineptos

Los empleados ineptos se las arreglan para parecer trabajadores comunes, incluso, algunos de invierten de doce a catorce horas en la faena diaria. Suelen ser los primeros en llegar y los últimos en retirarse, por lo que aquellos no conocen ni la naturaleza de su trabajo, ni la calidad de sus resultados, los tildan de incansables y ejemplares.

Ahora bien, quienes comparten con ellos actividades y procesos, de manera directa, logran observar sus deficiencias, tretas o excusas, saben que buena parte del tiempo que invierten en la empresa lo dedican a labores que poco o nada agregan al resultado final, por lo que no logran comprender por qué la empresa no rescinde sus contratos.

Las razones por las que se mantienen activos en la organización pueden ser tan variadas como inverosímiles, y van desde la creencia, por parte de los jefes, de estar frente a una persona valiosa para la compañía, hasta los vínculos sociales, familiares e incluso políticos y económicos que "alguien" tiene con ellos.

Una de las explicaciones más comunes que se han obtenido, durante el estudio que se llevó a cabo para establecer la realidad de este fenómeno, se sitúa en que "para algunas cosas este tipo de empleados resulta pertinente"; al ahondar en detalles pudo saberse que, entre ellas, sobresalen:

- **Son aduladores**, por lo que jamás dicen que no a ninguna actividad, aunque al final terminen por no hacerla. Ese espíritu colaborativo y el derroche de servilismo sirve como ejemplo, para algunos gerentes, al momento de solicitar algún favor adicional a los demás empleados y destacar que su compañero siempre está listo y dispuesto, por lo que espera del resto del equipo una actitud similar, e incluso, superior.
- **Conocen a muchas personas** debido a su personalidad, por lo que se cree que pueden servir de enlace entre unidades y departa-

mentos. En algunos casos, existe la sensación que se les debe algo, gracias a que siempre están dispuestos a apoyar, aunque resulte estéril lo que sea que hagan; por lo que terminan siendo más que empleados, una especie de miembros adoptados.

- **Aunque son ineptos en ciertas actividades**, suelen poseer tal agilidad mental para otras situaciones que coadyuvan a observar escenarios que no se han explorado. Esos breves instantes de genialidad les hace parecer útiles y, de no ser así, ellos mismos se encarga de recordar, una y otra vez, esa oportunidad en la que acertaron con su opinión y comentario, así como lo beneficioso que pudo resultar para la empresa.

- **Sirven de relleno** cuando el caso lo requiere, esto se debe a que pretenden conocer el negocio mejor que nadie en la empresa, incluso suelen atreverse a contradecir a fundadores o personal con mayor antigüedad que ellos en temas de la historia de la compañía. Gracias a eso, si no se puede hacer uso de los empleados más destacados de la empresa, o bien, el evento no amerita la presencia de alguna persona de envergadura, se les asigna la tarea de representar a la compañía dada sus habilidades para no hacer nada y quedar bien.

No obstante, la explicación más descabellada de todas es la siguiente:

- Son la excusa perfecta para justificar la ausencia de mejoras, basados en que sería injusto aumentar a otros y a ellos no. Aunque parezca absurdo, alguna empresas usan la carta de equidad e igualdad de condiciones para justificar decisiones relacionadas con aumento de beneficios o ingresos al personal basadas en que a igual cargo igual remuneración. Obviamente, esas empresas saben que los empleados ineptos no producen ni trabajan con la misma calidad e interés de los empleados promedio o sobresalientes, pero su condición sirve para negar, a los dos casos anteriores, mejoras en su contratación.

Si bien es cierto que tales afirmaciones son expresadas por quienes, siendo responsables de una empresa o unidad, en perfecto conocimiento de la existencia de estos empleados en sus filas, no son características propias de estos individuos; no es menos cierto que resulta más incomprensible la existencia de empleados ineptos en las empresas que la de los ya mencionados gerentes ineptos.

Características de los empleados ineptos

Así como se hizo con los gerentes ineptos, resulta necesario listar algunos aspectos que faciliten la identificación de los empleados ineptos en las empresas. Veamos:

- Suelen encontrarse en condiciones extremas, o son muy sociales y siempre tienen algo que decir, o son callados y distantes, quejándose de la empresa constantemente o en las ocasiones en que la concurrencia se lo permite.

Cuando son muy sociales, dedican más tiempo a contar historias, chistes o anécdotas que a realizar su trabajo, siempre están pendientes de las cosas que faltan para endulzar la labor, por lo que buscan excusas para salir a comprar café, azúcar o snacks, aunque eso les tome buena parte de la jornada. Ahora bien, cuando son poco sociales, usan su distancia y silencio para pasar desapercibidos. La oficina entera se acostumbra a que pocas veces hablan o hacen ruido, salvo en los momentos en que se quejan de la compañía, por lo que pueden ausentarse sin que nadie lo note.

- Siempre tienen una excusa inteligente que justifica de manera momentánea sus deficiencias o incumplimientos, usualmente asociadas a actividades relacionadas con el trabajo.

Argumentan que las herramientas tecnológicas son muy viejas, por lo que se traban o presentan fallas, o bien, son muy nuevas y aún no conocen cómo funcionan. Que la información no llegó a tiempo, que era confusa o que estaba incompleta. Suelen excusarse señalando que asumieron que el trabajo había sido asignado a otra persona, ya que trabaja en otros proyectos de similar importancia y, por esa razón, no lo realizó.

En resumen, siempre tienen una respuesta ingeniosa.

- Son los primeros en ofrecerse en labores que no le competen, pero que los acercan a personas con niveles de decisión importante.

Si bien saben que no manejan bien el tema, la herramienta o el proceso, también están conscientes de que, en todo proyecto, surge la necesidad de cubrir imprevistos o de completar tareas netamente operativas. Por lo que son los anfitriones auto-designados de las reuniones y jornadas, con celeridad se hacen cargo de anotar qué se desea para almorzar, quienes quieren tomar café, te o soda, a qué hora se hace el break y los snacks que se servirán en él, adueñándose de cualquier cosa que le haga parecer ocupado pero que no esté directamente relacionada con la razón por la que se le ha convocado.

- Parecen saber lo que hacen o dicen, pero sus frases o productos son el resultado del parafraseo de opiniones, comentarios o trabajos ajenos.

La llegada de la tecnología ha facilitado que los empleados ineptos puedan pasar por empleados promedios y, en algunos casos, por sobresalientes.

Basta con buscar en Google, o cualquier otro buscador, información sobre un tema, memorizarlo y comentarlo, para no quedar fuera de la discusión.

En otras ocasiones, el empleado inepto sólo repite lo que ha escuchado decir a sus compañeros, une frases de diferentes fuentes y las ofrece como análisis propios, basados, aparentemente, en su experiencia y conocimiento.

Consecuencia de los empleados ineptos en el resto del personal

Si bien se ha dicho que, para algunas empresa, poseer empleados ineptos puede ser de utilidad, no se puede desconocer el efecto que su presencia produce en los miembros del equipo a los que pertenecen.

Algunas de las consecuencia son las siguientes:

- **Generan cuestionamientos**: Los colabora-dores sobresalientes y promedio no logran comprender por qué la empresa mantiene entre sus filas a esos empleados, por lo que cuestionan la objetividad de los supervisores en materia de selección y evaluación del per-sonal.

65

- **Generan rupturas**: Debido a que para sus compañeros es más fácil identificar la incompetencia de esos empleados, es común que el equipo evite trabajar con ellos o, de hacerlo, se sientan obligados a incluirlos.

Cuando un equipo se reúne lo hace con la finalidad de alcanzar con éxito un objetivo, el problema, en estos casos es que no importa cuán social o callado sea el empleado inepto, o bien, cuán diligente sea para labores operativas o reacio a realizarlas; si no está en sintonía con las metas del equipo, en realidad, no forma parte de él, lo que descompensa su estructura y, en algunos casos, genera rupturas internas.

Ocasionalmente, algunos miembros muestras su simpatía por el empleado inepto, lo aceptan como es, considerando que es un problema para la empresa y no para ellos, lo que no siempre es bien visto por aquellos que piensan que son estériles y no agregan valor; lo que termina creando roces entre sus miembros a causa de la disparidad de criterios.

- **Generan Incomodidad**: Ya sea que son muy sociales o muy callados, ambos extremos pueden causar incomodidad en el resto del personal.

En el primer caso, al ser muy sociales, pueden irrespetar el espacio personal, intervenir en conversaciones que le son ajenas o crear confusión a través de sus comentarios u opiniones.

Cuando, por el contrario, son callados y distantes, impiden la empatía y, con ello, la generación de lazos emocionales propia de los equipos cohesionados.

- **Generan resentimientos**: En algunas ocasiones, los empleados ineptos forman parte de la empresa porque son amigos, familiares o personas cernadas de algún miembro de peso en la organización, por lo que, haga lo que haga, o bien, no haga nada, su permanencia no está en discusión.

Lo anterior genera resentimientos porque se considera una posición injusta e incorrecta frente a los empleados que llegaron a la empresa por sus propios méritos y trabajan con dedicación y profesionalismo para mantenerse empleados.

Ese resentimiento termina por afectar la calidad del trabajo, enrarece el ambiente laboral, crea conflictos entre los demás empleados e impacta de manera directa o indirecta los resultados.

Algo en qué reflexionar

Tener a las personas correctas en los lugares correctos es una prioridad que toda organización debe acentuar.

Si bien es cierto que es difícil que desaparezcan los empleados ineptos, ya sea por su relación familiar, conexiones, amistad o relaciones muy cercana con las personas influyentes en las empresas, o, simplemente, porque pueden resultar útiles para ciertas compañías; la presencia de empleados que poco o nada aportan a la operación puede ser igual, e incluso, más peligrosa que la existencia de un gerente inepto.

Un dicho popular afirma que una sola manzana podrida puede dañar a todo un costal.

Si la empresa no detecta, corrige o desvincula a los empleados que, conscientemente, son improductivos, o bien, no aportan valor a la operación ni impactan de manera significativa el desempeño de un equipo, sin duda, estará enviando un mensaje al resto del personal que, si es atendido, reducirá la calidad de la operación y/o menguará a la operación misma.

Obviamente, resulta más fácil detectar a los empleados ineptos en empresas bien organizadas, especialmente aquellas que evalúan los resultados tanto individuales como colectivos.

En empresas familiares, la situación es otra, por causa de nepotismo es posible contar con amigos, conocidos o consanguíneos ocupando ciertos cargos, como consecuencia de su relación, independientemente de estar capacitados o no para ello.

En otros casos, debido a las características de la empresa, la inclusión de personal relacionado no apto, aunque detectado y del conocimiento de todos, no parece ser un problema porque existe alguien que se hace responsable de sus desaciertos y, cuando lo requiere, se hace cargo de corregirlos.

FELIX SOCORRO, PhD

3 | Organizaciones que matan

Es un hecho, así como existen organizaciones que aprenden hay organizaciones que matan.

Es un término rudo y poco académico, pero ofrece al lector una versión directa y sin censura de lo que algunas empresas son capaces de hacer, administrativamente hablando.

Las empresas no son entidades ajenas a la vida y a la sociedad, por el contrario, la componen y la desarrollan de muchas formas pues, sin ellas, las comunidades vivirían en una constante monotonía, o bien, sumidas en el subdesarrollo.

En los últimos años, las empresas pasaron de ser centros de lucro y confort, exclusivamente para sus dueños y apoderados; para abrazar un concepto de responsabilidad social que abarca su lugar e impacto en el desarrollo de la sociedad.

Es por ello que el término *empresas que aprenden* [9] no sonó extraño a la realidad administrativa. Como se verá, se ha comprendido que *la gente es la empresa* y, por lo tanto, en la medida que la gente aprende, la empresa, como un todo, también lo hace.

Pero existen organizaciones donde ninguna de estas verdades contemporáneas han calado, incluso en el sentido más básico. Empresas donde el trabajo es una exigencia y no una muestra de la identificación, donde se pretende contratar al talento, no para que agregue valor, sino para que realice una tarea al más puro estilo de una esclavitud indirecta.

Esas son las organizaciones que matan.

No obstante, es imperiosamente necesario ampliar el concepto de estas empresas, pues no se trata de una muerte física, como es obvio advertir, sino más bien de elementos claves para una administración exitosa.

Las he denominado *organizaciones que matan* porque de manera consciente y sistemática, ignoran, contradicen y obvian, a través de su estilo particular de administrar; toda la experiencia y el conocímiento acumulado, a lo largo de los años, por parte de los profesionales que contrata, haciéndolos parecer torpes e ignorantes no sólo frente a sus compañeros y pares, también frente a los altos cargos y personal base; aun cuando la operación y los resultados de la misma empresa dejan mucho que desear.

Entre otras cosas, estas organizaciones:

Matan la iniciativa y la creatividad

Aunque, en la mayoría de los casos, se presentan como empresas progresistas, abiertas al cambio y promotoras de la innovación, suelen desaprobar cualquier propuesta, idea o sugerencia que se les haga para cambiar, mejorar o *reingeniar* [10] un proceso.

Se cierran a las explicaciones y se apresuran a dejar claro que sólo los dueños pueden cambiar la forma en que se trabaja en esa empresa, que ellos conocen el negocio y saben lo que hacen, por lo que no

73

necesitan que nadie venga a decirles cómo deben realizar la operación, dando así por terminada la conversación.

En este tipo de empresas son comunes expresiones como *"se le paga para trabajar y no para pensar"*, o bien, *"deje las cosas como están"*.

Cuando un empleado resulta ser más creativo que el resto, en lugar de celebrar sus aportes, se le cuestiona y reprende frente a sus compañeros para evitar futuras expresiones de genialidad no solicitadas.

Matan la identificación

Las personas sueñan con trabajar en empresas que las valoren y las respeten, que tomen en cuenta su preparación y experiencia, así como los aportes que, gracias a ello puedan realizar a la operación.

Como se sabe, las personas deben estar *comprometidas con sus sueños e identificadas con la empresa* [10].

Las organizaciones que lograr generar una conexión emocional entre sus empleados, también logran que las personas se identifiquen con su estilo gerencial y su cultura.

74

Pero, en el caso de las organizaciones que matan, se hace todo lo posible porque los empleados pierdan esa conexión y, por ende, dejen de identificarse con la compañía para la que trabajan.

Estas empresas matan la identificación, cuando exponen a su personal, manera abierta y directa, al maltrato verbal frente a propios y extraños.

Cuando destacan el más mínimo error pero omiten o ignoran cualquier logro, ya sea individual o en equipo, o bien, cuando demuestran poco respeto por la gente, por lo que hace y el esfuerzo que imprime al hacerlo.

Matan los sueños y expectativas

Estas empresas ponen trabas para el desarrollo personal y profesional del individuo, no de manera directa, asignan metas a largo plazo que se yuxtaponen a las que su personal se ha establecido previamente, basados en promesas o plantea-mientos ofrecidos durante la contratación.

Cuando el empleado logra crear una condición de equilibrio entre sus actividades y las los compromisos que tiene con estas empresas, los supervisores, mudan las reuniones y/o las actividades para impedir que el empleado cumpla con su agenda, ahogando así deseo de crecimiento y superación personal aunado al equilibrio laboral que pueda poseer el colaborador.

Así mismo, matan la identificación cuando se mofan de los sueños y expectativas de sus empleados, ya sea en privado o en público, y los ridiculizan restándole importancia o tildándolos de inalcanzables, e incluso, infantiles.

En algunos casos ponen como impedimento la edad, el sexo, la nacionalidad o la condición social del empleado para el logro de su objetivo, exhortándolo a que *"ponga los pies en la tierra y deje de soñar"*.

Matan el trabajo en equipo

En estas empresas no es bien vista la camaradería y el intercambio grupal. Las personas están ahí para trabajar, no para crear lazos, independientemente de que sean laborales.

Es por ello que los equipos de trabajo responden a las exigencias del jefe, líder único de la operación y el único autorizado para indicar el camino y determinar cómo, cuándo y de qué manera se alcanzarán las metas.

Para lograr una conducta orientada a la tarea y evitar la creación de lazos entre los miembros de un equipo, mantienen un clima de intrigas, chismes y comentarios, por lo general negativos, creando con ellos una atmosfera de alerta con respecto a los miembros de un área en particular frente a otra, o bien, de un empleado con respecto a otro, alimentando con ello desconfianza, conflictos y desinterés entre los miembros de la misma empresa.

Para evitar el caos y la anarquía, como resultado de la desconfianza con la que contaminan a los trabajadores, los obligan a centrarse en el objetivo, sin importar la manera en que lo alcancen.

Matan la comunicación

Si bien es cierto que la comunicación es esencial para el desarrollo de cualquier organización, para estas empresas, resulta una amenaza que debe ser confrontada a toda costa.

Este apartado no se refiere al silencio per se, a la ausencia de palabras o intercambio verbal entre sus empleados; se enfoca a cualquier otro medio de comunicación virtual o a través de medios electrónicos que pueda resultar improductivo, e incluso, sospechoso.

En pleno siglo XXI, estas empresas, cuestionan, reprenden e incluso amenazan a su personal en cuanto al manejo de la comunicación escrita, impidiendo el intercambio profesional de correspondencia y dudando de la utilidad de la misma.

Como suelen estar en un estado de alarma constante, consideran que cualquier empleado es un espía industrial, ya sea en potencia o encubierto, por lo que el uso de teléfonos celulares está prohibido, las llamadas y los correos son monitoreados, incluso cuando la operación no amerita tales restricciones.

No se permiten las reuniones casuales ni informales, dentro de las instalaciones de la empresa ni en sus cercanías y sancionan cualquier relación distinta a la laboral en sus filas, incluso si no es romántica.

Algunas llegan hasta el punto de centralizar cualquier comunicación que la empresa expida a una sola área, o al abogado de la compañía, para así tener domino absoluto de lo que se escriba.

Matan la disponibilidad

Como se sabe, la regulación laboral, en buena parte de los países, limita el número de horas a la semana que un empleado debe cumplir en su jornada. El tiempo varía según la actividad, pero lo usual es que no supere las cuarenta y ocho horas a la semana o no sea menor de treinta.

Pero en estas empresas, ni las leyes ni la salud importan, aun cuando en sus contratos aparecen los compromisos en cuanto a la jornada de trabajo, en la práctica exigen sacrificios innecesarios a sus trabajadores, sometiéndolos a jornadas que superan las doce horas diarias y que pueden extenderse los siete días de la semana.

A estas empresas no les importa cómo sus horarios afectan la vida familiar y social, así como los momentos de esparcimiento, recreación y descanso de su personal. Lo único que importa es que se lleva a cabo el trabajo.

Es por ello que matan la disponibilidad de los empleados para actividades ajenas al trabajo. Simplemente no pueden estudiar, no pueden descansar y ni relacionarse con ambientes sociales.

Como es de suponer, el agotamiento tanto físico como mental aparece como consecuencia del ritmo de trabajo, lo que afecta la calidad de la operación, lo cual no es visto como el resultado de los horarios impuestos sino como la ausencia de personal comprometido con los objetivos de la organización.

Matan la planificación

En este tipo de empresas todo es urgente. Todo requiere ser respondido a la brevedad y suelen hacer los requerimientos con muy poco tiempo antes de que fenezca el plazo para dar respuesta.

Lo anterior deriva en que otorgan el mismo nivel de prioridad a todo, exigiendo los mismos plazos para ofrecer respuesta a diferentes requerimientos, sin importar, para ello, el nivel de dedicación que cada tarea posea.

Es común, en este tipo de empresas, que se sobrecargue al personal con más de un proyecto a la vez, por lo que los empleados se ven obligados a dedicar más horas, de las que corresponden a la jornada laboral, para dar respuesta a cada uno de ellos.

Como todo es urgente y constantemente están llegando requerimientos tanto de las unidades que conforman a la empresa como de otras entidades públicas o privadas, planificar no es una opción. Ningún plan que se trace podría cumplirse porque, en cualquier momento, aparecerá cualquier otra cosa que requerirá atención inmediata, e incluso, simultánea.

Matan la motivación

Al tratar a los empleados como meros peones en un tablero de ajedrez, sin valorar sus destrezas, potencialidades y habilidades, estas empresas destruyen los lazos que unen a las personas con su actividad y con ello la motivación que el individuo trajo consigo.

Aunque es un hecho que la motivación es intrínseca y que nadie puede motivar a otra persona, como lo explica la coestima; no puede ignorarse sí es posible influir en los elementos que la hacen posible, ya sea alimentándola, a través de la creación de condiciones ideales para que se fortalezca, o bien, dejándola morir por inanición. Este último punto es el caso de las organizaciones que matan.

El personal es tratado con tal grado de descon-
sideración e irrespeto, que termina cuestionando su
capacidad y profesionalismo y, en algunos casos,
afectando su motivación y autoimagen.

En algunos casos se mantienen empleados porque
no tienen ninguna oferta que les permita abandonar
a la empresa, liberándose del yugo que le impone.
En otros casos, el personal se han acostumbrado a
ese tipo de ambiente e imagina que debe ser igual
en cualquier otra compañía.

Cómo identificar a las organizaciones que matan

Como ya se ha señalado, las organizaciones no son
entes distintos a las personas que lo integran, por lo
que todas esas prácticas organizacionales inade-
cuadas e incorrectas, comentadas en los párrafos
anteriores; son obra de la cultura y los valores de los
responsables de administrar a esas empresas, lo que
hace casi imposible poder generar un verdadero
cambio de actitud en ellas, ya que el mismo debe
provenir de adentro hacia fuera, y ello resulta
particularmente difícil porque se cree que no hay
nada de malo en ellas.

Ahora bien, no todas las organizaciones que matan son fáciles de reconocer, algunas poseen una fachada atractiva y longeva que atrae buenos perfiles, personas con valiosas ideas, dispuestas a dar todo cuanto puedan y con una considerable experiencia, pero cuyo paso por esas organizaciones es corto e infructífero.

Lo anterior responde a la misma naturaleza de la empresa, la cual impide el desenvolvimiento y uso de destrezas dentro de la operación y, al verse rodeados de injusticias, maltratos y vejaciones, los buenos talentos simplemente se marchan.

Para evitar caer en una de esas organizaciones que matan, es prudente conocer algunas de las características más comunes que poseen:

- Suelen ser organizaciones con una amplia trayectoria, llena de tradiciones y una cultura organizacional prácticamente invariable, por lo que dicen con orgullo que son empresas tradicionales. Esa condición puede observarse en sus instalaciones y mobiliarios, los cuales, en la mayoría de los casos, parecen congelados en el tiempo.

- También puede tratarse de empresas jóvenes que, en corto tiempo, han crecido en el mercado, pero el ambiente que poseen es desordenado, caótico u oscuro.

- Aunque poseen distintos niveles jerárquicos, la responsabilidad reposa exclusivamente en una o dos personas que son las únicas que pueden tomar decisiones.

- Poseen un espacio, para los clientes, donde dan la impresión de ser prósperas u organizadas, ahí cuentan con gratos ambientes y derrochan alta tecnología, pero más allá de ese espacio, la empresa carece de todo ello.

- Sus procesos de selección se encuentran en los extremos: O son muy rápidos, lo cual impide coestimar correctamente, o son demasiado lentos, impidiendo de igual manera establecer apropiadamente el nivel de expectativas.

- Aprovechan la necesidad de estabilidad laboral o de ingresos para convencer a las personad de ser sometidas a presiones, horarios y exigencias inusuales.

- Casi siempre poseen un alto índice de rotación a todo nivel, acompañado de explicaciones elaboradas e incluso inverosímiles para justificar lo que motivaron la salida (voluntaria o no) de los empleados.
- Ofrecen el incremento de beneficios o ingresos de acuerdo al desempeño del empleado, pero no se atreven a establecer los plazos para que ello ocurra.
- No negocia horarios, sueldos ni condiciones, coloca al candidato en una posición de "tómelo o déjelo".
- Suele preguntar al candidato si tiene problemas para trabajar bajo presión.
- Hace las entrevistas en horarios donde el tráfico en la ciudad se incrementa y en los días donde es más común que eso pase.
- No ofrecen ni agua a las personas que citan para entrevistas, ni les proporcionan un lugar cómodo dónde esperar.
- Exigen puntualidad para las reuniones o entrevista que programan pero no son puntuales.
- Suelen comunicarse de manera informal.

Ahora bien, es importante señalar experimentar, profesionalmente este tipo de organizaciones no es del todo traumático ni contraproducente.

Si bien el ambiente suele ser pesado, caótico y tenso, ofrece la oportunidad de conocer ese tipo de administración que debe ser erradicada del mundo contemporáneo y enfrenta a los profesionales a todos los ingredientes que suelen necesitarse para dar origen a verdaderas revoluciones en el pensamiento gerencial, las mismas que permiten hoy diferenciar a las organizaciones que matas de las que verdaderamente merecen ser reconocidas.

En todo caso, no contaminarse de las malas prácticas es lo importante y tratar de sacar provecho de la experiencia para fortalecer el carácter, observar la realidad desde varias perspectivas y, sobre todo, poder hablar con propiedad de este tipo de organizaciones.

Si usted llega a ser parte de una organización que mata, lo más recomendable es que asuma la postura que *Viktor Frankl* plasmó en su libro *Man's Search for Meaning*: procure sobrevivir, use sus conocimientos para ayudar y trate de aprender todo cuanto pueda.

4 | Jefe ¿ser o parecer?

Una de las herencias del pensamiento administrativo antiguo y, aunque verdaderamente obsoleta, aún es generalmente aceptada y prácticamente está grabada en los genes de cada ser humano; es la ferviente creencia no sólo de querer ser "jefe" sino de distinguir la diferencia entre quien realmente lo es y quien simplemente lo parece o lo desea ser.

La idea de la *jefatura* se asocia erradamente a la acción de *liderar*, incluso en algunos ambientes académicos y organizacionales se le coloca como un eslabón que precede a la actividad gerencial y se sostiene que se logra una vez que se ha aprendido a *supervisar eficazmente*.

En ese esquema tradicional del pensamiento administrativo ser jefe tiene características particulares que lo definen de manera inequívoca, si las mismas no están presentes, la pérdida de la imagen como jefe es inmediata y con ella el respeto y el compromiso que se asocian a la posición. Son tantas las referencias que se pueden encontrar en libros, revistas, artículos y páginas webs que resultaría redundante nombrarlas aquí. Sin embargo valdría la pena señalar que se presume que la actitud y el profesionalismo deben estar íntimamente asociados para que un jefe realmente lo sea.

Para otros ser jefe es sinónimo de ventajas y beneficios: Puestos de estacionamientos, bonos, mayor salario, oficinas de mayor espacio y otros tantos artilugios también heredados para producir un efecto psicológico que le haga entender a quien ostenta ese nivel de responsabilidad que ha dejado de ser parte del montón y por lo tanto merece un nuevo estatus en la compañía, y, para quienes no lo son, es un mensaje silente que establece la frontera entre un cargo básico y otro de mayor nivel.

Simplemente absurdo y anacrónico.

En primer lugar tales expresiones administrativas, esas que pretenden motivar a sus empleados a luchar por lograr los beneficios de un cargo de jefatura a través de tales diferenciaciones.

Lo que realmente logran generar, en la mayoría de los casos, son sentimientos de frustración, desinterés e indiferencia o, en el peor de los casos, un resentimiento tal que impulsa, a quienes se atreven, a realizar cualquier cosa posible, buena o no, por obtener tales ventajas sin importar el costo que ello signifique.

Las personas quieren ser jefes porque ello se traduce en mayores ingresos, poder de decisión y reconocimiento social. Por ejemplo, no es lo mismo ser un analista de Finanzas que ser el Jefe de Finanzas, aunque en la práctica la diferencia salarial no sea tan evidente.

Las personas quieren ser jefes porque las empresas aún se estructuran piramidalmente (digan lo que digan) y saben que sólo así están más cerca del poder y lo que ello significa.

Pero resulta que ese pensamiento, por demás obsoleto, es justamente lo que ha impedido que las empresas se encuentren estancadas en un círculo constante de motivación y desmotivación, satisfacción e insatisfacción que reduce los esfuerzos por generar un equilibrio en un verdadero gasto y no en una inversión.

La tendencia es clara: No se necesita que usted sea o parezca ser jefe, gerente o director... simplemente no se requiere tal cosa. Lo que realmente importa es el valor que le imprima a la empresa desde su nivel de conocimiento que posee en beneficio tanto de ella como de usted mismo.

Solo las personas sin sueños y sin expectativas requieren a alguien que las dirija, de resto, saben que solo a través de la sinergia pueden lograr lo que se han propuesto agregando valor a su vidas y al colectivo.

Los responsables de las empresas del siglo XXI no deberían preocuparse por generar en sus colaboradores la diferencia que existe entre ser un verdadero jefe o parecer uno, de hecho no deberían siquiera reforzar la idea de la jefatura y solo usarla como ejemplo de una práctica antigua que sirvió en los tiempos en que la gente no era más que un recurso para la empresa y no la empresa misma como se entiende ahora.

Por lo tanto, despreocúpese, usted no tiene que ser ni parecer jefe, eso no es lo importante; en lo que debe enfocarse es en el desarrollo de las competencias, tanto propias como de sus colaboradores, que le permitirán conectarse con la gente que posee expectativas similares a la suya y, al hacerlo, procurar el ejercicio de un *liderazgo circunstancial*, donde el éxito colectivo y personal será una consecuencia inevitable.

FÉLIX SOCORRO, PhD

5 | El tiempo como recurso

Con el debido respeto que se merecen todos los autores y promotores que enseñan, sostienen y creen que el tiempo es un recurso y por lo tanto se puede administrar, y así lo expresan en libros, talleres, charlas y artículos; he decidido expresar, en primera persona, lo que pienso acerca del tema y algunas de las conclusiones que he llegado a generar basadas en ella.

Lo primero que hay que preguntarse es ¿qué es un recurso? Según el diccionario de la Real Academia Española, un recurso es un "conjunto de elementos disponibles para resolver una necesidad o llevar a cabo una empresa". Entre ellos están los "recursos naturales, hidráulicos, forestales, económicos, humanos". Detengámonos en una frase: "conjunto de elementos disponibles". Nuevamente ¿qué debemos entender por "disponible" ?, el diccionario señala que es una cosa de la "que se puede disponer libremente de ella o que está lista para usarse o utilizarse".

Muy bien. He aquí mi cuestionamiento: ¿Se puede disponer del tiempo libremente? ¿Está ahí listo para usarse o utilizarse libremente? La respuesta es simple: No. Nadie puede disponer del tiempo per se, ni usarlo libremente. Por lo tanto el tiempo no es un recurso y al no ser un recurso no se puede administrar.

El tiempo es una consecuencia y no una causa. Cuando se habla de la administración del tiempo se hace bajo un concepto lineal, básico y limitado que ofrece la ilusión de que es posible limitarlo a periodos precisos. Nada más ajeno a la verdad. En realidad no se está hablando de administrar el tiempo sino de administrar las tareas, que es otra cosa. Usted puede listar las actividades que espera realizar e imaginar el tiempo que ellas le tomarán, pero eso, aunque incluye la presencia del tiempo, no lo altera para nada, ni lo incrementa ni lo disminuye, de echo solo está presente como el recordatorio de una meta personal o impuesta, como nada más.

El tiempo podría administrarse si usted pudiera acceder a él como se hace con el fuego o el agua, imagine algo así como comprar "24 horas con un bono de 6 horas en oferta". Usted tomaría esas 30 horas que ha adquirido y las gastaría o invertiría como mejor le parezca. Pero no es así. También podría creerse que se puede administrar si todo lo que ha planeado (siguiendo la línea de pensamiento tradicional) dependiera exclusivamente de usted y de nadie más y, aun así, las leyes de Murphy siempre estarán presentes, pues debe recordar que existen agentes biológicos, físicos y subconscientes que alteran el orden previsto de las cosas.

Es importante destacar que el tiempo es, en la mayoría de los casos, sólo una percepción, aun cuando en el mundo de la física cuántica y la metafísica, posee otras connotaciones. Es por ello que en sí mismo el tiempo no se puede administrar porque cada quien lo percibe de manera distinta. Haga el ejercicio, pregunte a un mínimo de diez personas cómo le pareció el día, paso rápido o lento, fue rápida la mañana o la tarde… o ambas y tendrá tantas respuestas similares como contrapuestas.

Debido a la relatividad del tiempo y su incuestionable relación con la percepción de los individuos, asociada a sus estados de ansiedad o calma, por citar algunos casos, el tiempo puede andar en una tortuga, como alguna vez imaginaron los griegos que ocurría con el Sol, o en una estrella fugaz, aun cuando el periodo que se mida sea el mismo.

Ahora bien, lo anterior no significa que no se pueda incorporar el tiempo al ejercicio administrativo, por supuesto que se puede, pero no como un recurso sino como una herramienta, enseñando a los usuarios las características que lo definen y como hacer uso de ellas de acuerdo a su estado y condición, pues, aunque no lo parezca, el tiempo tiene propiedades y características que lo diferencian y definen en variadas circunstancias, justamente ha sido ignorar tales fenómenos lo que ha impedido superar a estas alturas la idea tradicional de la administración del tiempo.

Usted no puede administrar el tiempo pero sí puede condicionar la percepción del mismo y por ende alterar los resultados que ello produce en beneficio de sus metas. Sencillamente no le han enseñado aún cómo hacerlo.

96

6

Clientes e infidelidad

Pretender la fidelidad pasó de ser una meta ineludible y determinante a una fugaz y sutil utopía en los planes de mercadeo de las empresas. Obviamente no todas lo han aceptado y aún enarbolan la bandera de la lucha por retener al cliente en una especie de éxtasis que le impida ver a su alrededor y realizar la más natural y espontánea expresión humana: curiosear y probar.

La Biblia judeo-cristiana parece ser una de las referencias escritas más antigua de esa conducta, en el génesis describen como la curiosidad llevó a Eva a desobedecer la orden de Dios (quien le ofreció todos los demás frutos del paraíso) para consumir aquel que le era prohibido. Si se estudia esta historia desde la perspectiva de la mercadotecnia es posible hacer varias observaciones, por ejemplo:

Dios (el proveedor) le ofreció a Adán y Eva (clientes) varios productos y servicios (en el paraíso) con la única condición de no acceder a las propuestas de la serpiente (competidor). Pero no hay mejor producto o servicio que aquel que se niega o es difícil de adquirir.

También resulta una práctica común, especialmente en las empresas de consumo masivo, impedir que su personal adquiera los productos de la competencia, esto se hace, según ellas, para generar compromiso con la organización y –puede suponerse- modelar el consuno de sus productos ante el mercado potencial o activo restante. En pocas palabras el resultado es una fidelidad obligada, algo así como encerrar a la pareja dentro de la habitación para que, al no poseer contacto con el mundo, sólo satisfaga su necesidad de afecto y comunicación con quien la mantiene cautiva.

La fidelidad a los productos o servicios no existe, ni a la marca ni al proveedor, tal pensamiento es utópico. Puede que existan expresiones de preferencia de singular significado, pero, ante la ausencia del producto o del servicio no se tardará en buscar un sustituto, el cual, como suele ocurrir, es criticado, comparado y hasta menospreciado en la primera de cambios, pero al final termina siendo aceptado.

Por ejemplo, en la década de los 90 del siglo XX, Pepsi dominaba el mercado de las gaseosas en un país latinoamericano, Coca Cola apenas si participaba en él, cuando el grupo económico que poseía el contrato con la bebida líder, dejaron a Pepsi e inundaron el mercado con Coca Cola, no faltaron las expresiones de insatisfacción, descontento y rechazo, pero, gradualmente, el mercado se acostumbró a la "nueva" cola y hasta se tarareaba la pegajosa música de su comercial de manera inconsciente.

Pero, a consecuencia de paro cívico en el año 2002, tanto Pepsi como Coca Cola dejaron de estar en los anaqueles y ante la ausencia de las dos colas rivales la alternativa ampliamente consumida fue la Kola Real o KR, quien aun sufriendo un incremento en sus precios se vendió de manera importante.

Terminado el proceso, Coca Cola volvió a puntear el mercado, pero en el 2006, ante un breve conflicto con la flota de distribución, el público acrecentó su consumo de Pepsi sin la menor muestra de disgusto.

Lo mismo ha pasado con otros productos y servicios, marcas, puntos de encuentro y todo aquello que puede gozar de la preferencia en algún momento, por ejemplo, en Suramérica, una empresa telefónica, regida por el Estado, gozó por muchos años de una fidelidad obligada por poseer el monopolio de las telecomunicaciones, pero cuando el país abrió las puertas a la inversión extranjera en varios sectores, una nueva empresa telefónica apareció en el mercado celular y superó con creces a la subsidiaria de la empresa estatal. Lo mismo ocurrió con la telefonía residencial en ese país. Los clientes, literalmente, hacían largas filas para solicitar el servicio a la compañía telefónica del Estado, lo cual ocurría porque no tenían otra opción, ella era la única empresa que lo ofrecía.

Como poseía el monopolio, la empresa telefónica del Estado, excusándose con la carencia de terminales y problemas de accesibilidad desatendió buena parte de la demanda, pero, al aparecer nuevas operadoras, las cuales franquearon las limitaciones de la competencia ofreciendo un sistema de telefonía fija inalámbrica; no tardaron en contar con una importante demanda, obligando a la empresa telefónica Estatal a ofrecer similares productos y servicios, pero en un mercado competido.

Es simple, mientras exista un sustituto difícilmente se gozará de total fidelidad y 100% de preferencia, y si no se posee, ante la ausencia de alternativas no se puede hablar de fidelidad.

El cliente del siglo XXI carece de las limitaciones propias de las tres cuartas partes del siglo anterior. Es menos dependiente, más agresivo, más exigente y, sobre todo, gusta de respuestas rápidas y satisfactorias.

Si se tuviera que buscar una manera sencilla de explicar el comportamiento del cliente de este siglo bastaría con decir que es como aquel comensal que, al no encontrar el plato que desea en un restaurant, en vez de conformarse con el menú del día, se levanta y prueba en otro lugar.

Las empresas que no hayan entendido o no entiendan este comportamiento están destinadas al fracaso, deben comprender que ya no se trata de buscar fidelidad ni preferencia por tradición o costumbre, deben esforzarse por generar una diferenciación lo suficientemente marcada y fácilmente superable (por ellos mismos) que les permita mantener al cliente en una constante admiración por la variedad, el gusto y la satisfacción, e incluso haciendo del consumo de las marcas competidoras una herramienta que las fortalezca y las impulse.

Obviamente no faltará quien desee mantener el esquema tradicional y lineal del pasado y se esfuerce por dejar todo como siempre ha sido, de hecho, tampoco le faltarán clientes que lo apoyen, sin embargo, los clientes son un "recurso perecedero" no duran para siempre, además sus necesidades y expectativas varían con la época y el momento histórico, por lo tanto, quienes se resistan a explorar nuevas estrategias gozarán de aceptación mientras el cliente exista.

Finalmente, con relación a las empresas que obligan a su personal al consumo de sus productos es prudente señalar que, desde cualquier punto de vista, se están limitando y cercenando sus oportunidades de crecimiento e innovación: qué mejor crítico, creativo o promotor que aquel empleado que ante el consumo de un producto de la competencia es capaz de encontrar los elementos faltantes, diferenciadores o determinantes que hacen de lo que ofrece o produce la mejor opción. Vale la pena reflexionar sobre ello.

FÉLIX SOCORRO, PhD

7 | No forme líderes

Hablar del liderazgo es un discurso repetitivo que raya, en algunos casos, en la retórica, pretendiendo maximizar la importancia que debe dársele a la formación de los líderes que habrán de guiar nuestros destinos y los de muchos otros.

Como ya lo había comentado antes, la idea del liderazgo (sea autócrata, participativo o transformador), tiene su asidero más en el pensamiento mesiánico religioso que en la concepción organizacional y social. Las personas no quieren un líder, esperan un mesías cuyo poder extra humano generará un nuevo orden.

Pero, en esta ocasión el análisis se enfoca en otro de los mitos asociados al fenómeno del liderazgo, y este corresponde a la idea constantemente reforzada y sugerida de que se debe hacer un esfuerzo en las instituciones educativas, empresas y unidades sociales por formar líderes, asumiendo que sólo así se garantizará el futuro que corresponda. Nada más lejano a la verdad.

La formación intencional del liderazgo no siempre termina en las mejores prácticas del mismo, y esto ocurre por la distorsión que el concepto posee en nuestras sociedades, se cree que el líder debe poseer dotes de estratega, sabio, buena dosis de carisma y un profundo sentido de la gerencia por objetivos, amén de una visión amplia y futurista. Pero esas características se ajustan más a los personajes mitológicos y a los líderes espirituales o de ficción que a la persona común a la cual se espera formar como líder.

No se trata de negar la posibilidad de desarrollar, orientar y canalizar las competencias que una persona posea para ejercer funciones de liderazgo, lo que le da la connotación de un mito a la idea de la formación es que, de alguna manera, se espera obtener un resultado positivo en todos los casos y se obvia que quien lidera lo puede hacer con igual fuerza para bien o para mal.

106

¿Quién puede negar los dotes de liderazgo que demostró poseer de Hitler en lo extenso de su ejercicio, u otros tantos como Stalin, Idi Amin Dada, Franco, Pinochet y Hussein? Pienso que la respuesta es que nadie lo puede negar, pero ¿es ese el liderazgo al que se hace referencia cuando se habla de "formar"? ¡Así es!, ya que independientemente de la orientación y el escenario que se trate siempre se espera que el líder sea estratega, sabio, carismático... ¿O no es así? Independientemente de lo que señalen autores y textos de renombre no se trata de formar líderes sino de formar consciencias. Nada más.

Cuando se forma una consciencia se desarrollan las competencias emocionales y primordiales del ser humano, como la ética, la moral y los valores, el respeto por la vida, la convivencia y otros tantos principios fundamentales que fortalecerán la actitud y la aptitud de quien lo experimente... el ejercicio del liderazgo, como el liderazgo mismo, son la consecuencia de la formación de una consciencia amplia y capaz de discernir entre lo que es correcto y generará bienestar común y lo que es satisfactorio pero que pondrá en riesgo a algún eslabón de la cadena o varios de ellos.

Quien sabe pensar, diferenciar y conoce suficientemente bien su entorno siempre buscará la manera de agregar valor al mismo, ya sea como participante o como orientador, pero, en todo caso, ha de prevalecer la formación de una consciencia libre, madura y responsable antes que una educación que resalte el paradigma del poder, atracción de las masas y el ejercicio del mando y la coordinación basada en un pensamiento unilateral y lineal, pues cuando ello ocurre sin que exista consciencia y sensibilidad social y humana, se habrá formado al líder, eso es seguro, se le habrán dado todas las herramientas, pero las consecuencias serán tan inciertas e inesperadas como en un juego de azar, donde es más probable perder que ganar. Si se desea contar con un líder, preocuparse por formar su consciencia, el liderazgo llegará por añadidura.

No faltará aquel que diga que al formar el líder se forma su consciencia. A las pruebas me remito.

8 | Deje de hacer seguimiento

Uno de los pasos que pueden leerse en cuanta receta se ha inventado para garantizar los resultados de un proceso, ya sea de la creación de un producto o el otorgamiento de un servicio es sin duda el famoso "seguimiento" o "monitoreo" de los responsables o ejecutores.

El seguimiento o monitoreo se vende como una forma de asegurarse que el empleado haga correctamente lo que se le ha pedido, esté a tono con el cronograma o para evitar demoras innecesarias. Monitorear al personal o sus avances suele asociarse con el "chequeo" médico periódico de un paciente, si está bien verá en el doctor una sonrisa, sino la preocupación o los correctivos serán evidentes.

Pero no hay prueba más contundente de la ausencia de responsabilidad, identificación e incluso de la capacidad de un personal que, precisamente, la presencia de un seguimiento constante de sus actividades y logros.

Resulta difícil imaginar que una persona que esté verdaderamente identificada con su trabajo requiera de otra que le esté no solo recordando sus funciones sino comprobando que las mismas se hagan bajo los estándares acordados. Lo anterior sólo tiene validez cuando se trata de un periodo de adaptación y aprendizaje de una función o tarea, lo cual no solo es necesario sino importante pues nutre la relación entre el individuo y sus responsabilidades.

Pero una vez que se ha logrado un periodo de madurez en un cargo o nivel de conocimiento y la persona ha demostrado destreza, capacidad y pericia ¿hay que seguir haciéndole seguimiento?

La respuesta no puede ser otra. ¡Claro que no! Para eso está la evaluación de resultados.

La idea del seguimiento, monitoreo o supervisión es un lastre subconsciente que ha quedado en el colectivo de las expresiones culturales donde sólo a

110

través de la presencia omnipresente del supervisor la obra se culminaría con calidad y a tiempo. En Venezuela, la expresión "el ojo del amo engorda al ganado" se usa para justificar largas horas de monitoreo.

De hecho cientos de empresas utilizan la figura del coordinador, encargado o líder de proyecto para garantizar la presencia de una persona que haga seguimiento al trabajo de sus subordinados, e incluso se han ofrecido premios e incentivos para aquellos que lo realizan a cabalidad... declarándose así, de manera obvia, incapaces de contratar personal autodirigido que procure resultados de altura.

No habrá quien señale que el monitoreo previene los malos resultados y las desviaciones, nada más cierto cuando no se posee el personal correcto y la posibilidad de que surjan retrasos o haya errores sea alta; la falta de pericia, experiencia y conocimiento, aunado a la ausencia de identificación incrementan estos riesgos, por lo que un gerente o supervisor preocupado se mantendrá atento a todo aquello que pueda afectar el proceso. Pero cuando el equipo es el ideal será él mismo quien ofrezca de manera espontánea el estatus de sus logros y mejoras. No necesitará que nadie se los pida. Ejemplos de esto sobran, desde los equipos para viajes espaciales de la **NASA** hasta los escuadrones de atención médica de la **Cruz Roja**, desde los programadores de **Microsoft** hasta los creativos de **Leo Burnett**. O al menos así es en teoría.

Estar atento a lo que realiza el personal durante sus labores, como una forma de garantizar el servicio o la calidad del producto, es una muestra de ineficacia a la hora de seleccionar y contratar al personal, inexperiencia a la hora de establecer el perfil del candidato y su relación con el mismo, ineficiencia al gerenciar y alimentar la identificación de los empleados con la empresa y con la labor y, finalmente, una declaración inequívoca de incapacidad de disponer de personas responsables, maduras, expertas y automotivadas que puedan llevar a cabo el trabajo sin tener que experimentar el látigo virtual del monitoreo permanente de sus actividades.

9 | Enfóquese en los resultados

Comúnmente se entiende por evaluación la "valoración de conocimientos, aptitudes, capacidades y rendimiento", comprendiendo por "valoración" la apreciación o cálculo de una o varias cosas. Por lo tanto al evaluar se le está asignando un valor numérico, ya sea calculado o apreciado, a lo que se examina y ese valor dependerá de las reglas preestablecidas o impuestas asociadas a una escala en particular.

Cuando se valora se compara. Por ejemplo, un kilogramo de oro puro no tiene el mismo valor que un kilogramo de algodón, es obvio, pero lo que los hace diferente es el significado y cotización que tenga cada uno de ellos, pues al final pesan exactamente lo mismo. Por lo tanto, la valoración no depende del elemento valorado sino de la visión o expectativas que se posea de este, lo que se traduce de manera inmediata en un hecho significativamente subjetivo.

Pero valorar objetos resulta mucho más sencillo que valorar a las personas. Si se está perdido en algún lugar del mundo es muchísimas veces más valioso un teléfono celular con un sistema de posicionamiento global, sin juegos y con pantalla monocromática, que el mismo aparato telefónico con sonidos polifónicos, varios juegos, pantalla a color pero sin GPS. Es fácil valorar de esa manera. Pero el desempeño, la calidad e incluso la utilidad de una persona no puede regirse por patrones tan obvios y lineales como los del ejemplo anterior.

Darles valor a las cosas es algo intuitivo y si se quiere genético del ser humano. Se tienen registros fósiles de las cosas que eran valiosas para el hombre en la más temprana era de su aparición y, con el paso del tiempo, su interés por clasificar se ha hecho cada vez más evidente.

Pero ¿quién dijo que se puede evaluar el desempeño? ¿quién le otorga la autoridad a una persona o grupo de ellas para decir que algo está bien o es deficiente? ¿por qué los administradores consideran que la evaluación es necesaria? ¿se puede ser objetivo al evaluar?

Tal vez, la idea de evaluar las acciones de las personas, su proceder, éxitos y fracasos en el ambiente laboral esté más vinculada a un pensamiento religioso ancestral que a un proceso verdaderamente administrativo. Un ejemplo de esta afirmación se encuentra vívidamente representado en el Libro de los Muertos de la antigua civilización Egipcia quienes representaban como el alma de las personas era sometida a una evaluación antes de establecer si era digna o no de entrar al otro mundo. Las acciones del recién fallecido eran sopesadas por Anubis y si su proceder benévolo y exitoso pesaba más que sus defectos y errores contaba con la dicha y la gloria en el más allá. Esta línea de pensamiento era muy similar a la que poseían los Sumerios, la primera civilización en desarrollar avances importantes en los conceptos religiosos, sociales y administrativos y cuya cultura se difundió en buena parte de los antecesores del pueblo Egipcio. Al parecer esta concepción de ser evaluado por sus acciones después de la muerte es asimilada por el pueblo hebreo, quienes se desempeñaban como esclavos de los egipcios, y posteriormente fue acuñada en el pensamiento religioso de la doctrina cristiana quien promueve el juicio final donde serán ensalzados los juntos y condenados los infractores.

Como no puede obviarse la increíble influencia que la religión ejerció en la sociedad, la idea lineal y plana que imagina a un ser superior evaluando a otro de menor nivel fue acogida y prácticamente insertada en la conciencia global transmitida de generación en generación, por lo que resulta particularmente lógica en todas las etapas del desarrollo humano, desde el académico hasta el laboral.

Lo anterior le da al evaluador mayor preponderancia. No se puede evaluar algo o a alguien si no se está por encima de él, o por lo menos eso es lo que la línea señala. Por ello es el maestro quien evalúa al alumno y no al revés. Pero al evaluar pareciera que se obviara el principio ancestral de la idea que originó el proceso, pues tanto los sumerios, egipcios, hebreos, cristianos y demás religiones influenciadas por el mismo paradigma basaron su actividad en el seguimiento de los pasos que el líder o los líderes había señalado, dando como resultado uno de los

116

patrones que hoy por hoy todavía rige la metodología de la evaluación: El premio y el castigo.

¿Para qué se evalúa en el campo laboral? Es fácil imaginar cientos de respuestas, pero la más cercana a la verdad es aquella que explica la necesidad de conocer si se está haciendo o no el trabajo bajo la línea que se ha establecido claramente. Quienes lo han hecho y lo han hecho bien son reconocidos públicamente, reciben el porcentaje más alto de aumento y son candidatos inequívocos de ascensos o promociones. He ahí el premio. Quienes no han obrado de la mejor manera son reprendidos de ya sea sutil o severamente, se le somete a un entrenamiento para "ver si mejoran", se les niega o se les da el menor porcentaje de aumento salarial o, en el peor de los casos, se les despide basados en los resultados de la evaluación. He ahí el castigo.

Es simple y a la vez terriblemente decepcionante, la evaluación del desempeño, basada en el paradigma ancestral, tiene como finalidad premiar o castigar a quien mejor o peor lo haya hecho de acuerdo al caso y eso le otorga una condición plana y elemental a tan importante herramienta gerencial.

GERENTES INEPTOS Y OTRAS REFLEXIONES

Ahora bien, recientemente se ha pasado de evaluaciones de 0° a las de 180° e incluso existen empresas que se jactan de evaluar a su personal en 360°, procesos en donde hasta el más elemental de los cargos puede ofrecer su percepción de la más influyente posición y se cree que con ello definitivamente se le está dando una visión completa y compleja a la evaluación evitando en un porcentaje aceptable la subjetividad característica de la misma, cuando en realidad se está reafirmando esta condición.

Las evaluaciones basadas en la percepción, sea cual sea el grado de circunferencia que posean, no ofrecen una visión de la realidad sino una ilusión de esta, pues como en la mayoría de los casos es difícil para cualquiera que evalúa no sentirse afectado por la ausencia de detalles, pues la mente no siempre es inmediata y en procesos de valoración suele ocurrir que los eventos más recientes se imponen sobre los que ocurrieron con significativa anterioridad.

Si bien es cierto que existen empresas que han multiplicado hasta por cuatro los periodos de evaluación, no es menos cierto que tales procesos siguen manteniendo el estigma de la subjetividad

118

porque se orientan a establecer patrones comparativos de lo que se percibe del evaluado en rubros como: trabajo en equipo, la comunicación, supervisión, etc. Elementos que no deber ser valorados, bajo ningún concepto, por esquemas ajenos a la visión de competencias.

Como se sabe, las competencias son talentos y destrezas que poseen los individuos, estas varían de una persona a otra, si bien es cierto que todos poseen las mismas competencias no es menos cierto que estas se presentan en mayor o menor escala de acuerdo a su desarrollo.

Pero las competencias no pueden ser desarrolladas de manera unilateral como usualmente se cree, no por el hecho de capacitar al empleado a través de programas y cursos su talento se verá desarrollado. Eso es una ilusión. Y es precisamente por ello que aún hoy en día, con todo lo avanzado que se encuentra el pensamiento gerencial en materia de recursos humanos, la evaluación del desempeño persigue más una utopía que el verdadero fin con el que se plantea: No todas las personas desarrollaran todas sus competencias. Y en realidad no necesitan hacerlo.

119

Por ejemplo, cuando se evalúa si una persona está orientada o no al trabajo en equipo y se detecta, bajo los enfoques tradicionales de percepción (ya sea a 180° o 360°) que no cumple con ese requisito, acto seguido se intenta integrar a la persona a esa línea de pensamiento pues tal competencia le considera vital para el desarrollo de las actividades de la empresa, cuando en realidad se está obviando la naturaleza misma del individuo y, por desarrollar una competencia, se dejan a un lado otras que podrían ser de muchísima más utilidad. ¿Esto por qué ocurre? Porque se comprometen tanto con el paradigma de lo que comúnmente se denomina el "deber ser" que se deja a un lado lo que "es" y las ventajas que ello puede ofrecer a la empresa.

La opinión del entorno y la propia no es del todo descartable, permite conocer la autoimagen y como se es percibido por los demás y eso tiene valor, pero tal práctica no puede considerarse una evaluación del desempeño puesto que no se mide lo que realmente éste debe generar, que en pocas palabras no es más que el "resultado" de su gestión.

Si la idea de la evaluación es conocer si los objetivos han sido alcanzados satisfactoriamente o no, no ha de centrarse la valoración en la persona sino en el fruto de su trabajo, eso permite volver a lo que se comentó en el inicio, evaluar a una persona es difícil, pero valorar las cosas (en este caso los resultados) es mucho más fácil.

Lo importante en todo caso es entender que la interacción con el entorno, la puntualidad, la comunicación y otros factores de corte similar que aglutinan las extensas interrogantes de la evaluación son elementos que deben ser considerados al momento de seleccionar al personal y no como ítem post-contratación, pues si el individuo fue correctamente coestimado sin duda alguna mantendrá el perfil que la empresa espera en esos rubros, por lo tanto al profesional debe valorársele por el fruto de su gestión y lo que la misma añada a la organización.

Ahora bien, si se observa desde una perspectiva escéptica se podrá advertir que la valoración de la persona pareciera haberse reducido a un solo factor y los otros se han desestimado, por lo que también podrían otorgarle una visión plana esta manera de observar la "Evaluación del Desempeño". Pues no. He aquí el cambio de la visión plana a una perspectiva multidimensional: Las personas deben ser evaluadas, preferiblemente a 360° pero no sobre la base de lo que el entorno cree que es, sino sobre la base de lo que el individuo realmente aporta, es aquí donde entra nuevamente la fórmula propuesta en 1995 y expuesta en el artículo "Los nuevos modelos y el Recurso Humano: Cuando el ángulo cambia la perspectiva" donde se expresa que:

Cliente = Recurso Humano = Proveedor

Bajo esta concepción la evaluación vendrá dada por las respuestas que el Recurso Humano ofrezca cuando su rol sea de Proveedor y su valoración estará justificada cuando su rol sea el de un Cliente. ¿Cómo puede hacerse esto sin caer en la subjetividad? Cuando los roles estén debidamente definidos en una empresa así como los objetivos que se han planteado por cada nivel de conocimiento o "cargo", lo que se espera es obtener una respuesta eficaz, eficiente y efectiva a un servicio o a la elaboración optima de un producto, estos son hechos cuantificables, mensurables y comparables que permiten establecer la calidad de los mismos, si la respuesta es correcta, se ajusta a la expectativa y genera valor agregado ¿es necesario ahondar en otros factores?

Obviamente no se trata de desestimar los elementos asociados al fortalecimiento de las competencias, estos deben estar presentes en la vida laboral del individuo pero no como consecuencia de una evaluación de desempeño sino como una valoración de su potencial y del mapa inicial que se ha de elaborar al momento de su contratación. La capacitación no debe estar atada a lo atinado o errático que puede ser el desempeño, pues de ser así se está expresando de manera indirecta la incapacidad que posee la organización de contratar el perfil adecuado para un cargo, en los casos donde "el desempeño" no cubra las expectativas.

La magia y el ingenio humano no pueden estar sometidos a evaluaciones donde lo que se cree no coincide con lo que se tiene, sería absurdo continuar manteniendo esa línea de pensamientos propias de un pasado apegado a paradigmas rígidos y ortodoxos. Si se hubiese aplicado a Miguel Ángel el concepto de la evaluación del desempeño que impera en este mundo de rapidez y urgencia, cuando pintaba la Capilla Sixtina, se le habría despedido por incumplimiento en los tiempos de respuesta, escasa o ausencia absoluta de comunicación y poca disposición al trabajo en equipo. Pero su fama y precisión artística impedían que se le tratara como a cualquier otro y la historia demuestra que su obra, el resultado de su trabajo, supera enormemente los ítems antes expuestos.

¿Cuántos casos como los de Miguel Ángel ocurren en las organizaciones? En el mundo hiperactivo que hoy funciona todo tiene prioridad y las respuestas se exigen en segundos, pues bien, si se quiere rapidez hay que contratar rapidez, no se puede pretender contratar a un individuo con ciertas competencias para exigirle otras y encima evaluarlo por las que menos ha desarrollado.

La orientación multidimensional de la "evaluación del desempeño" se encuentra en la concepción amplia de su visión y en rompimiento del paradigma que hasta ahora ha marcado su ejecución, en primer lugar hay que desechar la idea de que el desempeño puede ser evaluado, puesto que no es cierto, un desempeño exitoso no garantiza un resultado exitoso por más lógico que esto pueda parecer. ¿Cuántas veces se siguen los pasos

124

esperados y se obtiene una respuesta completamente distinta a la que se desea tener? El ejemplo de Coca Cola es ideal en este caso, en los años ochenta y a causa de la presión de su competidor más cercano Coca Cola decidió cambiar la fórmula de su producto, realizó estudios, mediciones, tests y toda clase de artilugios mercadotécnicos para asegurarse que el nuevo sabor le restaría clientes a Pepsi, el resultado fue sorprendente, se había hecho todo lo necesario para garantizar el éxito de la nueva presentación de la clásica bebida y los porcentajes de aceptación así lo proyectaban, pero cuando salió al mercado el rechazo fue total y la compañía se vio obligada a regresar a su viaja formula y retirar del mercado el nuevo producto. ¿Se puede considerar eso un error del desempeño? Claro, a los ojos del viejo paradigma puede ser así, pues en un país tan grande debió haberse consultado con más de 200 mil personas (como aparentemente se hizo) además mil y una crítica que cualquier analista puede hacer ahora que se conoce el fracaso; pero si se observa con detenimiento toda la información puede advertirse algo interesante: los pasos y estrategias fueron estudiadas y aprobadas por la empresa antes de lanzar al mercado el nuevo producto, lo que le confiere un valor importante a los datos suministrados previamente, pues los responsables de lanzar el producto creyeron en ellos y apostaron al logro de los objetivo, lo que se traduce en un desempeño correcto con un resultado errado. Obviamente de haber sido un éxito la historia sería otra. Lo anterior quiere decir que al final lo que se espera evaluar es el resultado exitoso, pues el fallido ya está evaluado de por sí. En segundo lugar si la evaluación lo que persigue es el premio o el castigo entonces no es una evaluación como tal, es un examen o un juicio, pues un presupuesto no se evalúa para parar la obra sino para corregir las desviaciones, una enfermedad no se evalúa para desahuciar al paciente sino para escoger como atacar el problema y salir de él con éxito. La evaluación no debe verse como la valoración del conocimiento, capacidad o rendimiento, sino como el avance de estos sobre el levantamiento previo realizado al inicio de la contratación en mejora del individuo y de la empresa, no como una escala para establecer su permanencia o retiro del puesto de trabajo. Por último, al igual que en la contabilidad y las finanzas, las empresas deben olvidarse del término "evaluación del desempeño" y darle cabida al termino "evaluación de resultados", pues es ahí donde todos los elementos propios del ingenio humano se conjugan y donde se observa si en realidad se sabe y lo que se hace con lo que se sabe agrega valor, lo que puede ser observado desde una verdadera perspectiva objetiva.

Se habla de "evaluar el resultado" de manera multidimensional cuando se considera la influencia que posee el ambiente, la cultura organizacional, las políticas empresariales, herramientas gerenciales aportadas y la claridad de los objetivos planteados en los resultados, sin dejar a un lado las competencias individuales que presenta el talento, pues cada persona tiene su propio modo de reaccionar ante un reto, estimulo o requerimiento y no necesariamente ha de ser el que se espera para que se genere la respuesta ideal.

Otro punto importante a destacar sobre este tema es que las evaluaciones tradicionales es que las mismas suelen hacerse desde una hasta cuatro veces al año, como ya se señaló, lo cual las ubica todavía más en el concepto académico y tradicional que en la visión de negocio y de empresa que se tiene en el presente. Si en el pasado revisar la contabilidad de una empresa anualmente llevó a la quiebra a muchos inversionistas qué hace pensar a las organizaciones que los resultados de la gestión de su personal pueden esperar tres meses para saber si se están desviando o no, cuando cualquier desviación puede inducir la pérdida de confianza en el producto o en el servicio. En la actualidad y gracias al avance de la tecnología se puede evaluar la capacidad financiera de una empresa día a día e incluso hora tras hora; este fenómeno informático puede ser trasladado al campo laboral si a cada actividad se le asigna un código y si cierto número de esos códigos son asociados a un nivel de conocimiento o "cargo" y por ende a la persona que lo ocupa, tal y como se contabilizan las cuentas en una operación contable, esta asociación de códigos y actividades gozarían de la firma electrónica del responsable y la aceptación de la calidad y satisfacción de quien lo requiere, lo cual podría ser valorado diariamente y otorgarle un sentido de continuidad y ranking a los resultados individuales ofreciendo una verdadera visión objetiva a las respuestas individuales que se han exigido.

Obviamente tal ejemplificación de un método objetivo de valoración no puede ser aplicado en la misma línea en todos los segmentos laborales, pero si puede ser ajustados de acuerdo a la actividad.

¿Evaluar el desempeño? En el aula de clases, en ambientes de aprendizaje o en formatos de competencia supervisada... Sí, pues en ellos se observa la gestión del coaching gerencial donde lo que se persigue es el aprendizaje a través de la tutoría y el ejemplo. ¿En ambientes laborales? Ciertamente no. Lo que las empresas deben abordar con mayor detenimiento es el resultado, las personas que se emplean ya son evaluadas en la selección, su trabajo y desempeño sólo demuestran lo acertado o equivocado que el método de reclutamiento y selección puede ser. La recompensa y el castigo no deben estar asociadas a la evaluación de los resultados como experiencias inmediatas al éxito o al fracaso, es obvio que si un empleado no cumple con la meta y aun ofreciéndole oportunidades continúa con una actitud discordante y distorsionada de lo que se espera de él debe ser retirado, pero el resultado de esa decisión debe estar basado en el producto o servicio que ofrece, no en la opinión de terceros sobre su capacidad o incapacidad de relacionarse, por citar un ejemplo. No todas las personas que han agregado valor al mundo han cubierto todas las condiciones ideales, por el contrario, se han mostrado tímidos, ausentes o malhumoradas, eso hace pensar que no a todas las personas se les puede pasar por el mismo tapiz ni se le puede medir con la misma escala, como lamentablemente lo hacen los procesos de evaluación del desempeño que actualmente se aplican, es por ello que abandonar esta práctica y centrarse en lo que realmente importa, como lo es el resultado, ofrece a las personas la misma posibilidad de ser valorados, pues, como ya se señaló, es más fácil valorar un objeto o un servicio que cuantificar la importancia de una persona.

10 | ¿Valor agregado o valor añadido?

En el marco del *7° Congreso Internacional de Administración* celebrado en la hermosa ciudad de Morelia, Michoacán – México, el Dr. Amelio González Paveti de Paraguay, en su conferencia magistral invitó a los participantes a reflexionar sobre el concepto del valor agregado cuando manifestó que "todo lo que se agrega puede ser desagregado" argumentando que "lo ideal es hablar de valor añadido, pues una vez que se añade el valor éste forma parte de aquello a lo que se ha sometido a ese proceso".

Ante tal afirmación surge una duda razonable: ¿se puede desagregar el valor? Evidentemente cualquiera podría pensar que se trata de una pregunta retórica, pues en términos contables y tangibles eso es posible, pues se trataría de una suma algebraica cuya polaridad determinará si se ha restado o sumado valor a un algo en particular, pero cuando el valor tiene relación con elementos intangibles y de percepción ¿es susceptible a ser desagregado? Nuevamente puede parecer retórica la pregunta, pues cuando un servicio comienza a carecer de elementos que le otorguen calidad, el valor que se vincula a él comienza a disminuir y por lo tanto puede entenderse como desagregado.

Pero esa presencia de antónimos parece estar presente en cualquier verbo que se coloque después de la palabra valor, pues si se añade o se suma se puede restar, si se agregar se puede desagregar o si se integra se puede desintegrar. Por lo tanto, sea cual sea el enfoque que se le dé siempre existirá la posibilidad de ser visualizada de la manera contraria. Es por ello que al hablar de valor no se puede relacionar con el concepto tradicional y contable que la palabra sugiere, por cuanto su contenido supera significativamente tales enfoques.

Agregar valor no ha de significar sumar un esfuerzo, poner un poquito más de lo que se pide ni dar más

132

de lo que se espera, pues de ser así es posible restar esfuerzos, poner un poquito menos de lo que se pide y no dar el total de lo que se espera.

La expresión "valor agregado" debe ser entendida como una constante inalterable y progresiva, un nivel en la escala evolutiva de un producto, servicio o proceso que no permite la involución y que una vez alcanzado no es susceptible a ser omitido o degradado. Es comparable a un nivel académico o de conocimiento, pues una vez que se obtiene difícilmente se pierde. Todo lo anterior tiene sentido ¿de qué sirve agregar valor si existe la posibilidad de restarlo?

Aquello que se agrega y se desagrega no puede ser considerado "valor" para el producto, servicio o proceso, pues actúa más como un ingrediente que como un agente activo de ese algo que se espera mejorar. Y eso aplica también para las personas, estilos gerenciales y enfoques administrativos.

Se agrega valor cuando se introducen elementos que transforman un algo en particular haciéndolo mejor a lo que existía y garantizando la continuidad del mismo hasta que ocurra otro cambio que lo eleve

133

de condición y cuyos beneficios son percibidos por todos aquellos que están involucrados él, de lo contrario sólo se estará variando una fórmula para ajustarla a una visión o a una tendencia transitoria que beneficiará a algunos pocos.

Por todo lo anterior la discusión no debe orientarse a si se trata o no de añadir, agregar, sumar o integrar valor a las cosas, personas, procesos, productos o servicios bajo el enfoque contable, tangible y perceptible que gobierna las mentes administrativas del presente, por el contrario se trata de observar cómo ese valor alcanzado puede ser sustentable en el tiempo y qué pasos han de darse para conquistar el próximo nivel.

Sin duda alguna, al leer los párrafos expuestos, parece de inmediato surgir un paralelismo con dos elementos conocidos como lo son la Calidad Total y el Mejoramiento Continuo, paradigmas que mucho han aportado al desarrollo de nuevas técnicas y procesos, y cuyo valor en el pensamiento administrativo es incalculable. Y es cierto, pues si al plantear tales lineamientos se hubiese pensado en la posibilidad de retroceder o involucionar no habrían alcanzado el éxito que aún ostentan, por tanto el

134

valor fue entendido desde el principio, como ya se señaló, como algo que una vez que se añade, se agrega o se suma no ha de ser susceptible a ser restado.

FÉLIX SOCORRO, PhD

11 | Equipos unipersonales

Mucho se ha hablado del Trabajo en Equipo; se ha definido, estructurado y empaquetado para que todo aquel que requiera explorar su concepto y ponerlo en práctica tenga en sus manos todo lo que se cree necesario para ello.

El Trabajo en Equipo es una bandera que enarbolan casi todas las empresas e instituciones, en especial en aquellas donde se requiere la participación de un importante número de personas para completar una tarea. Se habla de equipos multidisciplinarios, equipos de alto desempeño y de equipos autodirigidos, entre otros, destacando sus características como si se estuviera describiendo una computadora o un auto de última generación, cuando en realidad, en esto del Trabajo en Equipo, se debe dar crédito a las palabras que alguna vez dijo Luís XIV de Francia, al referirse al Estado, pero en este caso, la frase ha de ser: ¡el *"equipo" soy Yo!*

¿Qué cómo es eso? Sencillo, el Trabajo en Equipo no es cuestión de muchos, corresponde únicamente a la persona. En este breve resumen observará por qué el concepto de esta herramienta no solo debe ser revisado sino que ha de sufrir una reorientación, pues tal y como se le ve en el presente no pareciera cubrir la magnitud de lo que representa en realidad.

Ahora bien, una de las fantasías administrativas más generalizadas ronda en torno al Trabajo en Equipo, aunque no lo parezca, tanto personas experimentadas como inexpertas concluyen que esta herramienta puede ser introducida en un departamento o empresa a través de charlas, cursos o encuentros con su personal, las hay quienes las introducen en sus políticas y normas, incluso imaginan que es posible garantizarla si al momento de la entrevista de selección se le pregunta al candidato si se siente bien trabajando en equipo o sometiendo al mismo a actividades donde lo demuestre.

Algunas otras dan por obvia la respuesta, afirmando para sí mismas que la gente tiene que trabajar en equipo, que es una exigencia propia de los tiempos que vive la administración y por ende no debe ser siquiera consultada.

Pues bien, la realidad es otra. El Trabajo en Equipo más que una herramienta, es una aptitud.

El Trabajo en Equipo no se decreta, no se implanta como un chip en la cabeza de los empleados ni en los representantes de la empresa y, más aún, no puede ser considerado una exigencia o una obligación, ya que al instante de presentarse como tal no se observarán más que rechazos.

El Trabajo en Equipo es una aptitud propia de cada persona. Los seres humanos no están programados genéticamente para trabajar en equipo ni deben estarlo, algunos muestran ese talento y otros no, esto no hace descartables a quienes no logran desarrollar esta competencia; recuerde que algunos de los más grandes genios de la historia han ofrecido al mundo productos extraordinarios desde la soledad de sus talleres o aposentos.

Si la persona no posee la aptitud del trabajo en equipo por más charlas, cursos, seminarios o imposiciones a los que sea sometida no logrará engranarse y demostrar lo que la imaginativa colectiva exige y el paradigma dominante reclama con relación a ese concepto.

El Trabajo en Equipo, tal y como se entiende, tiene más relación con el concepto de Equipos de Trabajo que con la verdadera idea de lo que ha de ser un equipo per se. Veamos:

Los Equipos de Trabajo son el resultado de la agrupación de personas con competencias específicas y desarrolladas que al alinearse producen sinergia y agregan valor, pero eso puede ocurrir sin que exista el idílico sentido que le imprime al concepto del "equipo", aunque no se puede negar que cuando ello sucede los resultados suelen superar todas las expectativas.

Los Equipos de Trabajo responden a la planificación y ordenamiento de la empresa, es ella quien determina quienes y cuánto tiempo han de entrelazar sus conocimientos en pro de una meta específica, por lo que contiene todo lo que usualmente se le atribuye de manera errada al Trabajo en Equipo, esto es: Jerarquía, liderazgo, metas y procedimientos.

En cambio el Trabajo en equipo es una expresión espontánea, natural, que obedece más a la empatía, conexión emocional y visión compartida de sus integrantes que a elementos de índole formal o administrativos impuestos por agentes exógenos.

Aun cuando trabajan por un objetivo común, no existen imposiciones ni compromiso, en el equipo reina la *intradisciplina* [11], la identificación y la *coestima*.

Pero solo si la persona posee la aptitud para el Trabajo en Equipo es que este fenómeno administrativo, soñado, deseado y hasta forzado por muchos, se hace presente e imprime a los resultados esa energía que requieren para sobresalir y alcanzar lo que se han propuesto. De lo contrario el trabajo se hace, sí, pero con altos costos de frustración, malestar e imposición experimentados en diferentes niveles.

Luis XIV de Francia se equivocó, el estado somos todos, pero cuando se trata de trabajar con sinergia y agregando valor prevalece la aptitud y ahí, sin duda alguna: ¡el "equipo" soy Yo!

FÉLIX SOCORRO, PhD

12

¿Empresa familiar o de familia?

La familia es la base fundamental de la sociedad", o por lo menos eso es lo que se enseña en las aulas de clases de la escuela primaria. Pero ¿qué significado tiene la palabra "familia" el campo administrativo? Muchas veces se utiliza ese concepto al darle la bienvenida a un nuevo integrante de equipo laboral sin detenerse a pensar todo lo que tan peculiar palabra representa o puede representar de acuerdo al aspecto en particular que cada empresa le otorgue.

Sin ánimos de abordar elaboradas discusiones sociológicas del término, totalmente validadas por cierto, la familia es, desde una perspectiva muy personal, el ejemplo más básico y perfecto del funcionamiento organizacional:

El ingreso proviene del ofrecimiento de un servicio o venta de un producto, existen gastos fijos y variables, se poseen recursos humanos emergentes (los hijos) a quienes hay que adiestrar y capacitar para que ocupen posiciones de importancia y cuyas decisiones permitan establecer direcciones en el futuro de la organización, claro, todo ello en un escenario ideal.

Al igual que las organizaciones económicamente formadas, las familias están expuestas a la quiebra, el defalco, la usurpación de funciones, el espionaje, los excesos y tantos otros males que no son ajenos a la administración.

Cada familia es diferente, poseen valores y comportamientos que las acercan o las separan de otras, como ocurre también en las organizaciones.

Pero todo ese símil no responde la interrogante que dio origen al presente planteamiento, ya que no señala de manera amplia la diferencia que existe entre una empresa familiar y una empresa de familia.

Pues bien, las empresas de familia son históricamente más antiguas que las empresas familiares, pues como su nombre lo indica surgieron del ejercicio del poder

144

económico, político o religioso que un grupo familiar ejercía sobre otros de corte similar pero carentes de tal poder. La historia está llena de estos ejemplos: las dinastías faraónicas, los emperadores romanos y chinos, la realeza inglesa, francesa y española e incluso las monarquías mayas, incas, aztecas y otros tantos que llegaron a tener una importante influencia en el comercio y el sistema social de sus épocas. Luego, con la llegada del mercantilismo y el avance tecnológico, las familias pudientes y con capacidad económica dejaron a un lado los títulos nobles y se dedicaron al comercio generando una nueva forma de imperios.

Son muchos los nombres que la historia contemporánea tiene debidamente documen- tados, los cuales varían de acuerdo al país que se estudie, pero que siempre están presentes en la fantasía popular de lo que representa ser rico y poderoso.

Mas, no solo esas dos características describen a las empresas de familia, pues es común observar en ellas como se conjugan el respeto a la figura patriarcal y a la vez los conflictos propios de las distintas personalidades de los familiares que manejan ciertas

145

áreas del negocio poniéndole su toque particular a su nicho de poder.

Por este motivo es sencillo reconocer a las empresas de familia: provienen de un tronco común, sus miembros forman parte esencial e inalterable de las juntas directivas y, a la vez, se encargan de una arte de las actividades del negocio, o varias de ellas, dependiendo de la visión centralista y desconfiada que haya desarrollado "la familia" durante el crecimiento del ejercicio económico, evidentemente en ellas reina el nepotismo y las políticas, normas y reglas son creadas a la par de que ocurren desviaciones.

En las empresas de familia se hace casi imposible el crecimiento vertical, para ello se requiere de dotes especiales que permitan a la persona ajena al apellido ser considerado como miembro del entorno familiar y, finalmente, ser adoptado como uno más, sin que ello signifique la ausencia total de supervisión y la necesidad imperante de consultar toda decisión que pueda afectar la estabilidad de la empresa. En este tipo de organizaciones las emociones siempre están presentes, ya sean benévolas o maléficas, o una buena porción de ambas, pues como cualquier

146

cosa puede considerarse como un atentado se trata de erradicar de inmediato aquello que altere el equilibrio sin detenerse en detalles ni razones, independientemente de que a los involucrados en la alteración se le permita su legítima defensa.

Es imposible dejar de imaginar a estas organizaciones como los reinados feudales del pasado donde la ofensa se pagaba con la humillación, el castigo o con la muerte e incluso con todas ellas, entendiéndolas en el lenguaje administrativo moderno como la pérdida del empleo de manera inmediata, la declaración de persona no grata para la institución y la ausencia indiscutible de referencias laborales, castigos realmente severos en una sociedad donde las personas conflictivas ya sean confesas o potenciales son rápidamente descartadas al momento de detectar tales conductas durante el proceso de selección.

Si bien es cierto que las empresas de familia han desarrollado grandes y verdaderos imperios económicos que dejan bajo un eterno asombro a propios y extraños, no es menos cierto que quienes han experimentado -sin suerte- laborar en las mismas la conciben como entidades donde el éxito y el reconocimiento dependerá de lo bien o mal que sean visto por los dueños, más allá de la eficiencia, la eficacia y la efectividad que se posea en la labor o el tiempo que se haya dedicado a la misma.

En las empresas familiares la moneda de menor denominación vale tanto o más que cualquier otra, las inversiones son discutidas en las mesas directivas, por más básicas que sean y suele compensarse al personal con lo mínimo permitido, pues lo que se pretende es mantener o incrementar la riqueza de la familia.

Solo la familia cuenta. Son empresas con un alto índice de rotación el cual se considera normal e incluso beneficioso, pues permite ofrecer menos compensación al nuevo empleado aun cuando se trate de la misma tarea.

Pero no todas las cosas son negativas en las empresas de familia, pues su constante presión, particular estabilidad y excesiva supervisión generan conductas de responsabilidad, cuidado de los detalles, respeto a la autoridad y profundos deseos de superación y desarrollo, lo que las convierten en verdaderas universidades laborales donde sus egresados, en escenarios menos rígidos y contraídos, destacan por su capacidad de ahorro, precisión y habilidades de hacer más con menos.

Ahora bien, las empresas familiares parecen ser una utopía.

Son empresas que pudieron o no surgir de una familia adinerada pero cuya visión de negocios posee como bases la sinergia, la valoración y la confianza.

Estas organizaciones observan a sus integrantes como miembros de la familia, ya sean legítimos o adoptados, ofreciéndoles las mismas oportunidades de crecimiento y desarrollo, no descartan la supervisión, la auditoría y los controles pero tales mecanismos reposan en los valores éticos personales y en la confianza que se posee en quienes ejecutan las labores.

Por considerarse una familia observan el enriquecimiento como una consecuencia de la calidad de sus integrantes y reparten de manera equitativa las utilidades que se generan sin que ello ponga en riesgo las finanzas de la empresa, pues entienden que en la medida de que todos estén bien la empresa también lo estará. Las empresas familiares procuran el esparcimiento y el desarrollo de una vida social de sus empleados, hacen lo posible por hacerlos sentir cómodos e involucrados con el éxito de la compañía, comparten el éxito de la misma manera en que asumen el fracaso, y muestran verdaderos lazos fraternales cuando algún miembro del equipo sufre un accidente o una fatalidad. Sencillamente son una familia.

En las empresas familiares también se controlan los gastos y se evitan los excesos, pero no a través de políticas represivas o sanciones terminales, sino a través de la concienciación de sus integrantes.

A diferencia de las empresas de familia, las organizaciones familiares no viven en una constante economía de guerra, pues aunque sus ingresos fluctúan como en cualquier otra organización han logrado sensibilizar lo suficientemente bien a sus empleados para que reaccionen de manera favorable ante esos cambios, cuando la empresa gana todos ganan y cuando la empresa pierde todos pierden, es tan simple como eso.

Pero tampoco todo en las empresas familiares es tan positivo y agradable, pues se crean tales lazos de fraternidad y cooperación que surgen elementos como el sacrificio personal y la ausencia de comunicación efectiva para evitar generar alteraciones en la empresa.

Algunos empleados tratan de empalizar tanto con la firma que se abstienen de solicitar mejoras aun cuando la necesitan porque sienten que sería desleal realizar tales peticiones conociendo las condiciones de la empresa.

Otros se valen de tales lazos para exigir contraprestaciones a sus servicios.

Además se genera un clima de tal armonía y sensación de satisfacción que cuando se experimentan otros escenarios surgen sentimientos de frustración y añoranza de experiencias pasadas, elementos que pueden afectar el desempeño laboral.

En síntesis puede decirse que la diferencia entre una empresa familiar y una empresa de familia está en la manera en que ese concepto es entendido, por una parte se expone de manera amplia y sin discriminación, todos forman parte de la familia y eso exige el sacrificio y la dedicación que el termino encierra, por la otra parte sólo los miembros de "la familia" deben contar con los privilegios propios del poder que se posee y quienes quieran pertenecer a la misma habrán de ganarse a pulso, pero no en su totalidad, la confianza y el respeto que ello requiere.

Dos polos opuestos con sus ventajas y desventajas que sugieren recordar aquella frase "todo en exceso es malo" lo que permite concluir que ya sea una empresa familiar o de familia lo importante es mantener siempre el equilibrio.

No puede decirse que una es mejor que otra, dependerá de lo que se desea alcanzar la comodidad o inconveniencia de pertenecer a una de ellas, en lo que al empleado se refiere, pero si se convierte en un elemento de reflexión para quienes tienen que dirigirlas, ya que el éxito se construye sobre la base de gente satisfecha e identificada con la organización.

13 | **Paracaidismo gerencial**

No todas las empresas ponen en práctica los Planes de Sucesión o, en su defecto, los Planes de Carrera para garantizar el crecimiento y el desarrollo del personal en sus diferentes áreas.

En algunos casos (si no en muchos de ellos) las organizaciones prefieren buscar en el mercado laboral personas que ocupen posiciones de envergadura que han quedado vacantes o que se han creado debido a reestructuraciones, crecimiento de la operación o cualquier otro tipo de expresión administrativa.

Las razones para buscar personas fuera de la empresa son muchas, vas desde el reconocimiento de no contar con empleados lo suficientemente bien capacitados para hacerse cargo de esa responsabilidad o la firme necesidad de oxigenar a la organización con mentes frescas. Todas ellas válidas, sí, hasta cierto punto.

Para el personal que labora en una empresa la llegada de una persona ajena destinada a ocupar un cargo de supervisión se iguala a la caída inesperada de un paracaidista, de ahí la expresión Paracaidismo Gerencial, pues en buena parte de los casos esta figura es utilizada por la alta gerencia con la finalidad de impulsar mejoras dentro del área, en el mejor de los casos, o poner orden en la operación.

No obstante, su práctica pone en evidencia la carencia de planificación en el desarrollo del personal, el desconocimiento del insourcing como herramienta para mantener la motivación y el interés en la empresa y, en algunos casos, la escasa valoración que se le da al recurso interno.

El Paracaidismo Gerencial tiene sus ventajas y sus desventajas y a veces suelen obviarse los riesgos que se corren al hacer uso de esta herramienta. Sin embargo puede resultar altamente necesaria y recomendada en escenarios donde resulta imposible generar cambios o introducir mejoras por el estilo y cultura de la organización o en esos casos donde es el mismo personal quien muestra desinterés por desarrollarse y asumir nuevas responsabilidades.

Ventajas del Paracaidismo Gerencial

Traer personas capacitadas, experimentadas y con ideas frescas e innovadoras a la organización es una de las responsabilidades de la Gerencia de Captación y Desarrollo, pues mientras más preparada, inteligente, identificada y capaz sea el personal en la misma proporción lo será la empresa y ello ofrece una superioridad comparativa y competitiva digna de envidia.

Entre las ventajas que ofrece el uso del Paracaidismo Gerencial se pueden citar las siguientes, en teoría:

- **Permite introducir nuevos conocimientos a la operación**: La experiencia y el conocimiento adquirido en otros escenarios pueden ser transferidos y asimilados por la empresa a través del nuevo recurso. Éste se encargará de actualizar ciertos procedimientos y transformar completamente otros para garantizar el éxito de la gestión.

155

- **Facilita el contacto con otros estilos gerenciales**: Al provenir de ambientes diferentes y con distintos paradigmas el nuevo personal captado ofrecerá innovadoras maneras de involucrar a la gente, de mantenerlos motivados y de facilitar el alcance de las metas. No están comprometidos con el estilo gerencial de la empresa y, en ciertos casos, lo desconocen, por lo que procurarán generar un nuevo ambiente de trabajo y camaradería.

- **Genera un clima de cambio y expectativas**: Ante la llegada de un nuevo integrante a la operación se incrementan las expectativas y con ello aumenta el interés en el ambiente de trabajo, esto impulsa una sensación de cambio entre los demás empleados quienes pueden estar esperándolo con cierta ansiedad. El cambio está asociado a renovación y este concepto a la esperanza de que se cambia para mejorar, no para involucionar.

- **Permite al resto del equipo comenzar de cero**: Los errores pasados, las omisiones y faltas pierden su condición de etiquetas permanentes y pasan a un segundo plano, el recién llegado desconocerá tales infortunios y la ocasión de comenzar de cero y con buen pie está presente. Todos tienen la misma oportunidad de dar una buena impresión y de mantenerla a lo largo de la nueva administración.

La llegada de un extraño a la empresa requiere de mucho apoyo, mente abierta y capacidad de asimilar cambios y nuevos paradigmas, de lo contrario poco o nada se lograría con su participación en el proceso administrativo.

Desventajas del Paracaidismo Gerencial

Si la captación del nuevo personal se hace sin tomar en cuenta el perfil ideal para el cargo y su relación con las expectativas que la empresa tiene de él son muchas las consecuencias negativas que el Paracaidismo Gerencial traerá consigo, entre ellas se pueden listar las siguientes:

- **Genera sentimientos de frustración y desaprobación**: Si existe personal capacitado y preparado para asumir el cargo vacante y no es tomado en cuenta por la alta gerencia para tal fin, consciente o no, se generarán sentimientos de frustración en él, esto afectará su identificación con la empresa y será el detonante para iniciar búsquedas dentro o fuera de la organización que faciliten su crecimiento y desarrollo o al menos garanticen su valoración en futuras oportunidades. Ante la ausencia de reconocimiento la labor pasa a ser una carga en vez de un reto, pues usualmente se poseen expectativas de crecimiento, esto influye en la conducta de los empleados que no han sido considerados, a pesar de sus cualidades y talentos, terminando por inducir actitudes de desaprobación, rechazo y perdida de respeto a quienes dirigen la organización.

- **Produce inestabilidad y desconcierto**: El cambio también puede ser percibido como algo malo y desestabilizador, principalmente porque romperá con lo que se consideraba estable y manejable e introducirá variaciones que afectarán el ritmo presente. Usualmente los nuevos gerentes hacen los cambios que consideran necesarios para ajustar el ambiente a sus paradigmas, cuando no se involucra al personal en ello, se genera un clima de inestabilidad que produce resistencia. El desconcierto viene dado por la ausencia de información o el exceso de la misma que tanto la empresa como el recién llegado expongan a la gente en cuanto a la ocupación del cargo.

• **Confirma la imposibilidad de crecimiento**: Para la mayor parte del personal que se enfrenta a un nuevo gerente, en especial cuando proviene de un escenario distinto al local, su presencia es la confirmación de su permanencia en su puesto de trabajo, en la rutina de su operación y/o en la ausencia de posibilidades de escalar posiciones en la empresa. Suelen relacionar la llegada del nuevo gerente o supervisor con un mensaje silente que les recuerda que no están preparados para ese cargo o que quienes manejan la empresa ignoran el nivel y capacidad que poseen sus empleados.

Hacer partícipe al personal de las decisiones por las cuales se recurre a la búsqueda de personal externo facilita la asimilación de la experiencia y abre las puertas a los cambios que esto sugiere.

Es importante no obviar la participación del personal emergente en la búsqueda de nuevos responsables de procesos directivos ya que de lo contrario, y dependiendo del nivel de madurez de los empleados, se pueden generar situaciones adversas, boicots o expresiones de intolerancia que fácilmente pudieron ser evitadas.

Ahora bien, es responsabilidad de la empresa prever la rotación de su personal gerencial y contar con personal capacitado al momento de producirse una vacante, pero también es responsabilidad del empleado procurar poseer el nivel académico y operacional ideal para pretender optar por posiciones gerenciales o supervisoras, de lo contrario serán ellos mismos quienes obliguen a las empresas a iniciar la búsqueda fuera de sus linderos.

Pero el tema del Paracaidismo Gerencial no termina aquí, pues ocurre también que existen ciertas prácticas que pueden afectar de manera significativa el uso de la herramienta, su conceptualización, percepción e impacto en las organizaciones, estas se pueden clasificar de la manera siguiente:

- **El paracaidismo gerencial irresponsable**: Es aquel que practica la empresa en conocimiento de la existencia de personal interno capaz de asumir la responsabilidad del cargo vacante. Usualmente responde a intereses particulares, muestras de amiguismo o compadrazgo o el pago de deudas laborales adquiridas en situaciones pasadas con las personas que son impuestas en la organización. También puede presentarse por caprichos, abuso de poder, motivado por el castigo o consecuencia de la ignorancia, razones políticas, sentimentales o de índole distintos a la objetividad administrativa.

- **El paracaidismo gerencial no planificado**: Es aquel que ocurre por el ejercicio improvisado de la labor administrativa donde se obvian elementos propios de la subdivisión de actividades en la empresa y luego, para procurar la estabilidad y el flujo del proceso,

161

se recurre a la contratación de personal externo poco o nada relacionado con la mística de la empresa.

- **El paracaidismo gerencial exagerado**: Corresponde a la concepción errada de que toda vacante de índole gerencial o supervisora debe ser cubierta con personal ajeno a la empresa basado en que ello garantiza la innovación y las mejoras en los procesos.

Adicionalmente a lo antes señalado se han de sumar las conductas propias de algunos gerentes paracaidistas que suelen repetirse en cualquier escenario:

- **Obvian involucrarse con la cultura organizacional**: Si bien es cierto que no es recomendable contaminarse de las malas prácticas u omisiones, uno de los errores más comunes que poseen los recién llegados a la operación es citar constantemente como se hacía tal o cual cosa en "su empresa" y pretender cambiar la operación sin conocer a detalle las razones por las cuales funciona de la misma manera.

- **Importan nuevos empleados**: Como regla general los gerentes paracaidistas suelen "armar su equipo" en el nuevo escenario, esto no siempre involucra a la gente preexistente y, en la mayoría de los casos, representa la sustitución de empleados locales por personas que trabajaron con ellos en otras empresas y cuya relación laboral, de amistad y camaradería, intenta ser repetida en la nueva organización.

- **Desconocen los avances alcanzados**: Con la firme intención de justificar su presencia y generar un impacto en la operación, inician procesos de reestructuración, seudo-reingenierías o rediseño sin reparar en los logros alcanzados y heredados de administraciones pasadas. Suponen la necesidad de generar un nuevo orden.

- **Etiquetan al personal existente**: Basan sus criterios y las percepciones en comentarios, prejuicios o anécdotas que le suministran del personal que heredan y no dan la oportunidad de ofrecer el derecho a la defensa o a la construcción de su propia imagen.

- **Aparentan conocer el negocio**: En pocos días hablan de la empresa como si su permanencia en ella tuviese larga data, asumen posiciones y ofrecen opiniones propias de personas que han agregado valor a la empresa con su desempeño aun cuando no han tenido la oportunidad de hacerlo.

Obviamente, tales expresiones corresponden a aquellos gerentes paracaidistas que carecen de seriedad, profesionalismo y sentido de valoración, pues existen ejemplos exitosos donde los nuevos gerentes entienden la importancia de involucrarse con los elementos de la empresa y toman decisiones objetivas, responsables y sopesadas que agregan valor tanto a la organización como a quienes las integran.

Pero también el gerente paracaidista se enfrenta a varios riesgos a saber:

- **Empresas que se contradicen**: Son aquellas organizaciones que contratan al nuevo talento ofreciéndoles amplias posibilidades de poner en práctica sus conocimientos y experiencia, innovar y generar cambios, pero que luego limitan su acción, cercenan su iniciativa y cuestionan sus métodos por no "ajustarse a la cultura de la empresa"

*   **Empleados resentidos**: Como resultado de la ausencia de posibilidades de crecimiento y/o reconocimiento los empleados niegan toda información, ayuda o colaboración al recién llegado boicoteando los procesos y sus resultados con la finalidad de mal poner la imagen del nuevo gerente. Muestran su desagrado y se valen del tiempo y conocimiento de la cultura organizacional para parecer ajenos a las acciones que emprenden.

*   **Herramientas inexistentes**: En ciertos casos las expectativas creadas durante la entrevista de contratación superan la capacidad de respuesta de la empresa, por lo que el nuevo gerente puede poseer soluciones ingeniosas y factibles para ser aplicadas en su área y encontrarse ante una organización que no sólo carece de las herramientas sino que

tampoco está interesada en adquirirlas o desarrollarlas.

- **Clima laboral hostil**: No siempre se puede percibir el nivel de hostilidad y desajuste que posee una empresa internamente y como consecuencia de una fuerte desarticulación, necesidad de sobresalir e incluso competencia desleal de sus unidades; el gerente paracaidista puede encontrarse en medio de una guerra que no inició pero que ha de asumir si persigue su permanencia en la empresa.

- **Jefes incoherentes**: Otro de los riesgos que corre un gerente paracaidista es descubrir que ha sido seleccionado en una empresa donde el poder y por ende su nivel de reporte está en manos de una persona con inestabilidad patológica en sus decisiones, acciones y proceder, lo cual es una de las causas de rotación en el área donde ha sido seleccionado.

Por su parte la empresa también está propensa a correr varios riesgos al momento de hacer uso del

Paracaidismo Gerencial, entre ellos se pueden nombrar:

- **Contratar al personal inadecuado**: No siempre los filtros existentes en la selección del personal funcionan a plenitud, en ocasiones de se contratan a personas con buenos perfiles que han sabido ocultar su sed de poder, desprecio por algunos estratos sociales o tipologías de corte personal, tendencias autocráticas o comportamiento lascivo.

- **Personas con expectativas erradas**: Cuando no se produce una correcta coestimación puede contratarse a personas que se ajustan perfectamente al perfil pero cuyas expectativas en el área o la empresa están por encima o muy por debajo de lo que realmente se espera. Esto puede traer como consecuencia una breve e infructífera relación laboral que de nada servirá para ambas partes.

- **Gente conflictiva**: Aun cuando la percepción no advierta esta posibilidad existe la posibilidad de contratar a gerentes que desquebrajen la unidad en la empresa, que enfrente a su personal y genere conflictos innecesarios entre ellos, gerentes paracaidistas que al llegar se traen a "su gente" generando un nicho de poder y que al partir suelen esperar a que el equipo también se disuelva.

- **Contratar a gerentes ineptos**: Ya sea por una apresurada selección, o un proceso demasiado largo a la hora de contratar, o bien porque algún alto nivel exigió el ingreso de una persona en particular, las empresas siempre enfrentarán el riesgo de contratar a un gerente inepto.

No obstante no todo lo que puede decirse del Paracaidismo Gerencial ha de destacar su lado negativo.

Efectivamente las empresas requieren oxigenarse, colocar en puestos claves a las personas correctas y procurar el éxito de su operación basados en el criterio y experiencia de los buenos gerentes, los cuales no siempre se encuentran en el seno de la organización.

El Paracaidismo Gerencial debe ser practicado y empleado como consecuencia de un proceso consciente, planificado y muy bien estudiado, pues ha de traer consigo mejoras perdurables, medibles y sustentables en el tiempo en beneficio de todos los integrantes de la empresa y no de algunos pocos. También debe ser monitoreado, evaluado y orientado sin que ello signifique la limitación de su actividad una vez que se ha aplicado en un área en particular.

Sencillamente hay que descartar primero al recurso interno, hacer uso del insourcing, antes de echar un vistazo fuera de la empresa. Se debe entender que hay que procurar desarrollar a la gente para que asuma nuevas oportunidades, tener siempre en cuanta aquel que puede suceder a quien se va.

Cuando los empleados están conscientes de la ausencia de las competencias propias para asumir un cargo de envergadura responden de mejor manera ante la llegada de un nuevo miembro gerencial, esto facilita su asentamiento y desenvolvimiento en el nuevo cargo, lo cual es bueno para él, para la empresa y para todo aquel que la integra.

169

Vale la pena tomar en cuenta estas sugerencias:

Para las empresas:

- Implemente Planes de Sucesión o, en su defecto, Planes de Carrera que sean reales, factibles y experimentados por su personal.
- Agote la búsqueda interna antes de pensar en el mercado laboral
- Haga del conocimiento de la empresa, del área o de la unidad las razones por las cuales piensa que lo mejor es contratar a un personal ajeno a la empresa.
- Sea coherente con los compromisos, expectativas y planteamientos que se presenten al momento de contratar al nuevo personal.
- Planifique el uso del Paracaidismo Gerencial, evite la subjetividad y la improvisación. Sea responsable con la herramienta.

Para los Gerentes Paracaidistas:

- Coestime de manera adecuada a la empresa.

- Procure indagar y experimentar muy bien el clima organizacional antes de tomar la decisión de ser contratado.

- Compruebe la disposición de la empresa a realizar cambios en sus procesos y aceptar las mejoras que propondrá basadas en su experiencia.

- Si quiere recrear los "viejos buenos tiempos" trate de hacerlo con el personal existente, si observa que le es imposible haga los cambios pertinentes basados en decisiones objetivas, considere personal interno antes de "importar" talento.

- Involúcrese con la empresa y con el personal, evite los juicios de valor y procure demostrar con hechos por qué sus planteamientos son mejores a los procesos existentes, en los casos que lo amerite.

- Mantenga una actitud abierta, positiva y objetiva, no se deje llevar por percepciones ajenas. No etiquete a nadie.

Para el personal:

- Realice una autoevaluación antes de considerarse obviado por la empresa.

Pregúntese: ¿Poseo las competencias que requiere el cargo? Si la respuesta es "sí" es el momento de aplicar la Teoría del Saltamontes y lo que ella implica. Si la respuesta es "no" usted es corresponsable de no haber sido considerado para el cargo.

- No observe al nuevo gerente como "el enemigo" probablemente él posee el mismo sentimiento de ansiedad que usted. No se deje llevar por prejuicios.

- Ofrezca su apoyo y contribución al éxito de la nueva administración, si no tuvo suerte en el pasado ¿qué le hace pensar que no tendrá suerte ahora? Asuma el cambio con positivismo.

El mercado laboral es cambiante, lo que ayer se entendía como estabilidad laboral ha desaparecido, por lo que no se sabe en qué momento tocará hacer uso del Paracaidismo Gerencial para garantizar la continuidad del proceso, todos han de estar preparados, Empresa, Gerentes y empleados, pues, en cualquier momento pueden verse envueltos en una situación donde habrán de esperar un paracaidista o se convertirá en uno de ellos.

14 | Sucesión versus Carrera

Bajo el esquema tradicional que manejaban las empresas hasta buena parte de los años 90 del siglo XX, hablar de planes de carrera resultaba un atractivo proyecto o una importante muestra del interés que poseía la organización por el crecimiento y desarrollo del personal en su seno.

En Venezuela, la industria petrolera es la abanderada en el uso planificado y efectivo de la aplicación de los planes de carrera, éstos se convirtieron en un valor tan significativo para ese sector que de su ejercicio y practica se incorporó al lenguaje empresarial la palabra "meritocracia", la cual puede ser entendida, desde una visión sencilla y sin ánimos de abarcar todo su contenido, como el poder ejercido por el mérito profesional e individual para alcanzar una posición superior dentro de la empresa.

Los planes de carrera no son más que un conjunto de pasos y niveles distribuidos en años de experiencia, logros académicos, calidad del desempeño y otros factores de importancia relativa que se le ofertan al neo-empleado y al trabajador activo con la firme intención de motivarlo y ofrecerle un futuro próspero basado principalmente en su esfuerzo. No se trata del azar ni de decisiones subjetivas, si se logran los puntos necesarios para alcanzar una posición superior y esta se encuentra vacante, el individuo puede reclamar lo que le corresponde.

Ante un escenario tan prometedor cualquier persona podría suponer que no sólo son una maravilla los planes de carrera, sino que los mismos habrían de ser aplicados en todas las organizaciones, sin embargo esta herramienta gerencial se basa en un paradigma que hoy resulta difícil de aceptar como una premisa valida: La presencia eterna del empleado en una misma organización.

Si bien es cierto de que en el pasado la estabilidad laboral era entendida como una relación casi matrimonial entre el patrono y el empleado, cuya única separación ocurriría con la muerte, pues aún en la jubilación podía ofrecer sus servicios como

174

consultor, el concepto ha cambiado y actualmente no puede partirse de una premisa en desuso, ya que elementos como la empleabilidad se están fortaleciendo cada vez más.

Los profesionales contemporáneos están en una búsqueda constante de crecimiento y ante la expectativa de nuevos retos, la permanencia en una empresa depende principalmente de la capacidad que esta tenga de equilibrar y mantener tales demandas el mayor tiempo posible, por lo que resulta ingenuo suponer que ante la ausencia de esos dos elementos se podrá retener y mantener al talento captado, más difícil aún planificar en años un crecimiento individual cuya factibilidad dependerá de elementos exógenos presentes en las ofertas que haga el mercado laboral y otros endógenos representados en las expectativas individuales del personal contratado que se alinean con dichas ofertas.

Otro elemento de cuidado, en lo que a los planes de carrera se refiere, es la visualización limitada del crecimiento y la concepción rígida que suele caracterizarle, pues en ella se obvia la capacidad que poseen algunas personas de aprender y asimilar

175

conceptos con mayor rapidez que otros o cuyas características personales y profesionales superan con mayor rapidez los niveles preestablecidos en la planificación, además de que es prácticamente imposible proyectar con exactitud lo que ha de ocurrir en cinco años, por ejemplo, con respecto al desempeño de un profesional, como ya se señaló, basta con observar que tanto las empresas como los mercados experimentan una situación tal de incertidumbre que ya resulta difícil saber cómo y dónde se estará en tres años. Tal vez ese pensamiento era plausible cuando el pasado era una referencia obligada para proyectar el futuro, lo cual es completamente incorrecto en el presente.

Pero en cuanto al principio donde se fundamentan los planes de carrera, referido este al desarrollo del individuo, no hay discusión alguna y es por ello que ante una situación que demanda flexibilidad y valor añadido surgen los planes de sucesión como una alternativa más contemporánea que pretende mantener vivo dicho principio pero ajustado a la realidad que impera.

Los planes de sucesión

Según el diccionario VOX de la Lengua Española, la palabra sucesión significa, entre otras cosas, la "entrada o continuación de una persona o cosa en lugar de otra" y "prosecución, continuación ordenada de personas, cosas o sucesos." Y en pocas palabras eso es lo que ha de entenderse por los planes de sucesión: la continuación ordenada y planificada de una persona en lugar de otra, con iguales o superiores características.

No obstante, el concepto anterior se confunde, en la mayoría de los casos, con el concepto de planes de carrera y, algunos autores, suelen referirse a ambos como sinónimos, siendo esto contrario a la verdad.

A diferencia de los planes de carrera, cuya planificación suele ser rígida y lineal, los planes de sucesión no prevén el crecimiento o desarrollo profesional del empleado basado en años de permanencia en un cargo o de acuerdo a los niveles académicos obtenidos; los planes de sucesión parten principalmente del mapa de competencias desarrolladas o potenciales del individuo y las comparan con los mapas correspondientes a las diferentes vacantes que puedan existir en alguna unidad, aquella que más se aproxime se convierte de manera inmediata en el futuro sucesor sin importar para ello si el candidato posee tres meses o tres años en la empresa.

Esta importante diferencia es la que separa a los planes de carrera de los planes de sucesión, siempre que estos últimos estén basados en competencias, pues de lo contrario se estaría incurriendo en el error de denominar de dos maneras a una misma práctica.

Además de ello, cuando se habla de una continuación ordenada y planificada como concepto de los planes de sucesión, no se le está dando el carácter tradicional de espacio y tiempo, el orden viene dado por el esquema, representado en el mapa de competencias, y la planificación se ubica en la premisa que establece que quien posea el talento es quien debe ocupar el cargo.

Los planes de sucesión son utilizados por organizaciones cuya madurez organizacional y responsable orden en los procesos le permiten establecer el mapa de competencias de su personal desde que ingresa a la empresa, actualizándolo de manera constante, facilitando con ello la tenencia de una fotografía casi instantánea del perfil de competencias de su gente lo que se traduce en una importante herramienta de decisión pues permite evaluar a los futuros responsables de cargos de mayor envergadura por su talento y no por su trayectoria curricular, como ocurre en los planes de carrera.

Las empresas que utilizan verdaderos planes de sucesión no están en la búsqueda de coincidencias entre nombres de cargos o niveles de capacitación, su orientación está dirigida primordialmente al talento y a la manera en que éste ha sido distribuido en el mapa de competencias.

Es precisamente esa ventaja lo que hace mucho más flexibles y atractivos, a la vez más exigentes y acertados, a los planes de sucesión que a la antigua y distinta visión de los planes de carrera, mientras estos últimos hacen hincapié en la antigüedad, certificación y duración, los planes de sucesión se ocupan de la intensidad de la experiencia, la experticia y el talento desarrollado o potencial existente.

Los planes de sucesión suelen ser muchos más exigentes que los planes de carrera porque requieren de mayor esfuerzo en el desarrollo del talento individual y la operacionalización o puesta en práctica del mismo, además de la correspondiente agregación de valor de manera efectiva y medible, eficaz y palpable, por cuanto demanda no sólo el manejo de la información sino el conocimiento actualizado y comparado de la misma, así como su traducción al entorno laboral presente.

Mientras en el pasado la acumulación de tiempo, niveles académicos o experticia acumulaba puntos para pasar de un nivel a otro, en un ambiente sucesoral es el talento el que se impone, lo cual pareciera recordar aquella frase evolutiva donde se atribuye la supervivencia al más apto y no al más antiguo.

Otra de las ventajas que ofrecen los planes de sucesión es el traslado de la responsabilidad del desarrollo de las competencias al empleado y no a la empresa, quien bajo este concepto es más un facilitador y orientador que responsable de ello. Esto significa que la empresa ofrece todos los mecanismos para que sus empleados puedan conocer los mapas de competencias existentes o esperada para cada puesto de la organización y compararlos con los propios, siendo ellos quienes deciden qué competencia desarrollar para alcanzar el nivel jerárquico o de conocimiento que desean en la empresa.

Obviamente, las organizaciones facilitan las herramientas para el desarrollo de la competencia, orientan a los interesados en el mismo y alinean las expectativas de los interesados con las que la empresa posee, haciendo un uso planificado y consciente de la coestima.

En un escenario como el anterior es el empleado y no la empresa quien fija la meta, la cual puede alcanzar en pocos meses o varios años, sólo basta que su mapa de competencias supere al más cercano y se ajuste en un porcentaje adecuado al lugar que aspira, lo cual no puede ser traducido en las mismas condiciones a los planes de carrera.

No obstante, lo antes expuesto no puede ser entendido como la ausencia de apoyo e interés por parte de la organización en cuanto al adiestramiento de su gente, por el contrario, éste se incrementa y magnifica en un enfoque de sucesión, pues ante la expectativa de mejorar competencias son los empleados quienes demandan capacitación y esta se ajusta a las exigencias previamente establecidas por la empresa en cuanto a los mapas de competencias esperados para los cargos que posee.

Ahora bien, es normal que ante afirmaciones como las anteriores surjan dudas en cuanto al mérito del empleado que ha permanecido años en la empresa y que merece por su constancia ser considerado para un cargo de mayor envergadura por encima de cualquier otro trabajador de antigüedad inferior a la suya.

Lo anterior no es más que la consecuencia de la práctica lineal y el pensamiento rígido heredado de la visión gerencial dominante en los siglos pasados. En el ejemplo anterior existen una serie de interrogantes dignas de despejar antes de emitir juicios de valor.

Cabe preguntar: ¿Qué ha impedido el crecimiento de esa persona en los últimos años? ¿Cuánto se ha esforzado por desarrollar sus competencias? ¿Cuánto valor ha agregado a la empresa? ¿Cuándo se dio cuenta que era un candidato para esa vacante? ¿Además de la antigüedad qué otros méritos posee?

Bajo el enfoque de los planes de carrera todo individuo que acumulara los puntos correspondientes a la antigüedad se convertía de manera automática en un precandidato a evaluar para una posición superior. Pero en un esquema de planes de sucesión, la antigüedad no es descartada pero tampoco es excluyente, pesa más el talento y el conocimiento efectivo que se posea que el tiempo ha permanecido en una posición, pues los planes de sucesión operacionalizan el concepto presente en los nuevos paradigmas de selección.

Los planes de sucesión, observados bajo el concepto aquí planteado, son la evolución del concepto de los planes de carrera como resultado del desarrollo de la visión de las competencias y la ahora llamada inteligencia emocional; el enfoque de sucesión le da más importancia a la persona que al plan en sí y pretenden valorar el conocimiento y sus frutos por encima de los esquemas tradicionales, por lo tanto hay que replantear su concepto y diferenciarlo de otros que lo suponen como una extensión de las practicas pasadas.

Por todo lo anterior puede señalarse que, sin lugar a dudas, deben ser entendidas estas herramientas gerenciales como dos practicas distintas pero con una raíz común que no es otra que el desarrollo y el crecimiento personal y profesional del individuo en el seno de la organización, diferenciadas principal-mente en la flexibilidad o rigidez de su visualización, pues mientras una resulta más ortodoxa y respeta las prácticas tradicionales de la gerencia, la otra, heterodoxa, desafía el concepto lineal y se orienta a dar valor a elementos que cada día demandan más importancia en el exigente mundo de hoy, como lo son el conocimiento y el talento, sin importar cómo y dónde se obtuvo, siempre que pueda ser transformado en un hecho concreto y ofrezca valor agregado; lo demás es sólo cuestión de paradigmas.

15 | Dos principios universales

La gerencia contemporánea está colmada de recetas, las mismas sugieren pasos precisos y consecutivos para que las sociedades, las empresas y hasta el mismo individuo logre alcanzar el éxito deseado.

Títulos tan prometedores como *"Los Once Mandamientos de la gerencia del Siglo XXI"* de Matthew J. Kiernan y *"Las 7 cybertendencias del siglo XXI"* de Chuck Martín, entre otros de la misma calidad y alcance, inspiran en quienes los leen una sensación de tranquilidad al observar que aquellos que saben, los verdaderos expertos, han descifrado el futuro administrativo, gerencial, tecnológico y social, según el caso, y lo han puesto a la mano de cualquiera que se interese en ello.

Y así es.

Quienes se preocupan por ofrecer una visión más amplia y humana también se esfuerzan por encontrar fórmulas y recetas que faciliten el entendimiento de los nuevos paradigmas y, obviamente, su adaptación a la cultura organizacional y al pensamiento gerencial que impera en el presente.

Como suele suceder, es más sencillo alcanzar un objetivo si se sabe exactamente cuales pasos se han de dar.

Por ejemplo, cualquier persona puede hacer un exquisito menú si posee todas las herramientas e ingredientes y se le indica a detalle qué, cómo y cuándo debe hacer lo apropiado para cada plato.

Así funciona en la cocina, pero difícilmente será tan sencillo en las empresas o en cualquier otro escenario donde las exigencias son más complejas.

Es lógico preguntarse por qué si se poseen estas fórmulas administrativas que tanto bien han generado en otras empresas y latitudes aún existen organizaciones y sociedades donde resulta difícil desarrollar políticas con el mismo éxito aun cuando en apariencia se han seguido los mismos pasos o se han aplicado las mismas formulas. Pues bien, la respuesta a veces resulta ser muchas veces más simple de lo que se espera y tal vez sea esa extrema sencillez la que la hace imperceptible en algunos casos: Las empresas y gerentes que han logrado aplicar con éxito las fórmulas propuestas y existentes han reducido a dos principios universales cualquier receta que se ha escrito o planteado.

Este fenómeno de la simplificación de los pasos no es nuevo e históricamente se encuentra en casi todos los acontecimientos más importantes en la historia, la religión, la política, la economía y la sociedad, por lo que las dos reglas que a continuación se explicarán resultarán familiares y sumamente parecidas a otras expresiones pronunciadas por personajes famosos cuya influencia en nuestras actitudes es fácilmente vislumbrada.

Pero antes de entrar en materia es fundamental señalar que no siempre las cosas simples, en apariencia, son simples en contenido, pues en la mayoría de los casos tales expresiones exigen una madurez y capacidad de comprensión superior a otros elementos donde se emplean mayores recursos para ser explicados y difundidos, por lo que es

187

importante hacer a un lado los paradigmas que se posean en cuanto al tema que aquí se expone y se concentre el pensamiento en lo esencial de sus postulados y explicaciones, pues es la única manera de observar de manera holística lo que se desea expresar con la finalidad de modificar el desempeño de las personas y a través de ellos el de la organización donde laboran mejorando así el concepto de la gerencia que se poseía hasta el siglo pasado y ofreciendo dos pilares fundamentales para gerenciar en este nuevo siglo.

Primer principio universal: *"Satisfaga al cliente sobre todas las cosas"*

Es una respuesta involuntaria, automática y mecánica pensar en el cliente en tercera persona, pues el vocabulario que se ha enseñado hasta el presente acerca del mismo se orienta a visualizarlo como un ente distinto a la persona que demanda productos o servicios, que suele pagar por ellos y es la pieza más importante, el motor, lo único que importa para la empresa y, en términos económicos, quien la sostiene con su consumo. Pero el concepto que se posee del cliente es limitado e incluso insuficiente.

188

El cliente ha sido clasificado en dos grandes grupos conocidos: **Los clientes externos**, aquellos que no tienen relación directa con el personal que labora en la empresa pero que se benefician de sus productos y servicios, estos están a su vez divididos en edades, segmentos, preferencias.... y toda una serie de importantes subdivisiones que facilitan su estudio y penetración desde el punto de vista de la mercadotecnia y las ventas.

Los clientes internos son aquellos que laboran en las organización y que también demandan atención pero en otros niveles más administrativos. Esta clasificación es cierta y útil en la mayoría de los casos pero no es suficiente para cumplir con lo que expone el primer principio universal para gerenciar en el siglo XXI.

El concepto al que arguye el primer principio es al que he denominado el *cliente trigénico* [12] y se refiere a la existencia de tres entes involucrados, interdependientes e inseparables asociados a esa palabra.

El concepto del cliente trigénico está expuesto en la siguiente condición de igualdad:

CLIENTE = RECURSO HUMANO = PROVEEDOR

Lo anterior facilita la comprensión del principio que exige "satisfacer al cliente sobre todas las cosas" porque homologa tres conceptos aislados y los vincula de manera expresa.

La visualización del cliente como un ente externo ha llevado a las organizaciones a orientar sus esfuerzos para satisfacer la demanda de productos y servicios de acuerdo a los estándares de calidad más exigentes, si corresponde a su visión ser reconocidos por la excelencia que ofrecen, pero a la vez ha dirigido la práctica a exigir que su personal se comprometa de tal forma con la operación de la empresa que, en algunos casos, se incurre en excesos y omisiones que atentan contra la vida social y expresión cultural que el individuo requiere para mantenerse equilibrado y altamente productivo.

Existen empresas que exigen a su gente ofrecer un trato educado, fraternal y comprensivo a sus clientes que no es experimentado por sus trabajadores, lo que traduce el mensaje distorsionado que emiten a su personal en una presión psicológica que los estresa e impulsa a acumular decepciones, frustraciones e incluso algunos resentimientos hacia el estilo gerencial que se resiste a impulsar con el ejemplo lo que exige que su gente demuestre. Sencillamente observan al personal como empleados y no como clientes.

Ejemplos similares ocurren con los proveedores y el recurso humano que se posee en las empresas, se les encasilla de tal manera en los conceptos tradicionales que resulta prácticamente imposible comprender que cada individuo cumple de manera constante los roles de cliente y proveedor y mantienen de manera única y personal su condición humana que es utilizada para alcanzar los objetivos de la empresa.

Al obviar esta condición trigénica del cliente quienes gerencian al personal están visualizando solo una parte de lo que realmente han de cuidar y desarrollar a lo largo de la operación administrativa, es lo mismo que ocurre con el ejemplo del iceberg: la masa más pesada y grade no está a la vista pero ello no significa que no existe y que no pueda impactar a la empresa.

Lo interesante de este concepto es que no hay discriminación en el papel que juega cada individuo en la sociedad, la empresa donde labora o el ambiente en el que se desenvuelve, todos son clientes y sus requerimientos deben ser satisfechos por encima de todas las cosas.

Pero si todos son clientes ¿quiénes tienen la responsabilidad de satisfacerlos?

El concepto del cliente trigénico homologa también al concepto del proveedor orientando su comprensión a que también se es responsable de satisfacer la demanda que realiza el cliente aun cuando se trate de sí mismo.

En la medida que las organizaciones comprendan la profundidad de este principio comenzará a gerenciarse de una manera más objetiva y dinámica donde a través de la satisfacción de los empleados se logrará generar un clima apropiado para la oferta de productos y servicios que redundará en beneficio directo de quienes las dirigen y/o se benefician de ella.

Ahora bien, ¿cómo es posible medir el impacto que este principio tiene en la empresa? La respuesta se encuentra asociada a varios factores administrativos y gerenciales.

En primer lugar debe entenderse que un gerente que se sienta insatisfecho, y así lo exprese, con las herramientas que posee dentro de la organización, entendiéndose por ellas humanas, presupuestales y tecnológicas no puede transferir impulso a los procesos que en ella se generan, ello impacta al clima organizacional y por ende a la empresa.

Las organizaciones deben hacer estudios objetivos de los elementos que ofrecen y/o de los cuales carecen y cómo ello impacta la visión interna del negocio y la manera en que se siguen procedimientos establecidos.

Lo anterior no significa la inversión o el gasto para lograr niveles de satisfacción haciendo uso del dinero, pues es sabido que tales medidas son momentáneas y efímeras pues una vez aplicadas pierden su impacto en el corto plazo, por lo que se debe orientar el estudio a una visión medular que facilite la selección correcta de los individuos que la integran y la nivelación de las expectativas del personal preexistente a través del uso de la coestima como herramienta.

Una vez realizado esos pasos, la organización debe orientarse a gerenciar con base a las expectativas de sus primeros clientes (ellos mismo) para así poder ofrecer lo que realmente se posee.

Es normal que tales afirmaciones puedan sonar utópicas, principalmente si se posee una visión tradicional de lo que es una empresa y su finalidad en el mercado, no obstante es prudente realizar la siguiente reflexión:

Si el mercadeo se dedica a estudiar, clasificar y orientar sus esfuerzos a satisfacer las necesidades de los consumidores e incluso a creer nuevas necesidades y tales prácticas se han realizado con éxito haciendo uso de una concepción limitada del cliente ¿cuántas cosas se pueden alcanzar ahora?

Gerenciar en el siglo XXI exige poseer una visión más amplia de aquello que creíamos conocer.

Segundo principio universal: *"Valore a la gente como a usted mismo"*

Para realizar cambios conductuales en las personas se requiere algo más que la exigencia de ello o el modelamiento, se requiere autoridad moral. Las personas no pueden demandar respeto y lealtad si no son capaces de respetar y son infieles a sus principios, por lo tanto este principio proporciona una de las competencias más complejas que han de poseer quienes se consideren gerentes en el nuevo siglo.

Valorar a las personas no ha de ser considerado un cliché o una frase digna de ser escrita, repetida y citada para parecer ante quienes se enfrentan a ella verdaderos entes sensibles a su contenido y extensión.

Se trata de una actitud particular, propia y personal que se ha de desarrollar, madurar y poseer sin que importe para ello el nivel de conocimiento o cargo que se posea en una empresa.

Todas las personas poseen el mismo valor, social, organizacional y gerencialmente hablando, pues de no ser así se estaría hablando de la existencia de una raza completamente extraña y ajena genéticamente a la humana, cuyas condiciones habrían de ser tales que su valor pueda ser cuantificado de manera totalmente distinta a la nuestra.

Este segundo principio demanda la comprensión única de la importancia que las personas poseen dentro y fuera de la empresa y exige trasladar la frase "no hay cliente pequeño" al argot organizacional en cuanto al concepto que se posee del capital humano.

Una gerencia que se preocupe por dar valor a su gente es una gerencia de impacto que entiende y practica la responsabilidad social que posee con el entorno y por lo tanto genera en quienes la experimentan identificación con ella y compromiso consigo mismos.

Quien valora a la gente como a sí mismo no puede ofrecer productos o servicios que dañen, menoscaben o degraden de alguna forma a sus clientes, a su personal y a sus proveedores, ni pondrá en condiciones de riesgo, excesos, peligrosas exposiciones o cualquier otro extremo a quienes fungen de colaboradores en su empresa; pero ello exige a su vez la posesión de una autoimagen lo suficientemente amplia, objetiva, madura y retadora, pues no se puede valorar a terceros si se menosprecia a si mismo o se siente en alguna manera inferior a quienes lo rodean.

Es sencillo, no se puede ofrecer lo que no se posee, ni se puede recibir lo que no se ha otorgado.

Las empresas se preocupan por modificar el desempeño de las personas que laboran en ella y de la organización misma con el firme propósito de crear mejoras que impacten sus productos o servicios para convertirse en unidades más competitivas, para ello existen fórmulas que van desde la producción con cero defectos hasta la reingeniería del pensamiento gerencial cuyos pasos provienen de prácticas exitosas que han sido magistralmente documentadas por expertos en la materia, no obstante todo cuanto se haga de manera superficial, o que por lo menos no afecte el esquema medular de la empresa, difícilmente generará los resultados esperados aun cuando los ejemplos de éxito sobren.

Si a las recetas y formulas administrativas y gerenciales se le suman estos dos principios universales para gerenciar en el siglo XXI el cambio asociado al éxito y a la permanencia en el tiempo vendrá dado por añadidura, pues al generar beneficios y bienestar de adentro para afuera es más sencillo lograr modificar el desempeño de quienes componen a la organización, pues estos se sentirán identificados y satisfechos con la visión y misión que ésta les ofrece y todo cuanto hagan por mantener ese equilibrio redundará en pro de la empresa, su funcionamiento y sus niveles de competitividad.

16 | Redes sociales

Existen varias maneras de observar el fenómeno de las redes sociales, pues éstas vienen dadas por diversas circunstancias dentro de una misma organización, ya sean, por filiación, por conocimiento, por contexto o por demanda.

Las redes sociales por filiación son aquellas que se generan de forma espontánea en los grupos y cuya presencia imprime un clima de camaradería e identificación. Aunque no suelen considerarse formales, estas redes sociales permiten el flujo de la información de manera expedita y con altos niveles de calidad.

Las redes sociales por conocimiento son aquellas que responden a intereses propios de la organización pero con un alto grado de interés personal, se generan para agregar valor a los procesos, mejorarlos o crearlos.

Las redes por contexto o demanda responden a las funciones propias vinculadas a un cargo o a un grupo de ellos, la misma labor genera la integración de estas redes y las pone en movimiento, la empresa es quien marca la pauta de acuerdo a sus intereses y objetivos.

El surgimiento de la red de contactos

Las redes de contactos sociales son espontáneas y no existe una metodología específica para crearlas.

Las subsiguientes responden a los intereses de los grupos o a la organización, estas se crean alineando expectativas, perfiles y funciones a fin de orientarlas a los resultados esperados; usualmente se realizan jornadas de integración de unidades y de ellas se extraen las conexiones cuya correspondencia e interdependencia pudieron ser comprobadas en escenarios supuestos o de prueba.

Las conexiones entre contactos

Son variadas, las conexiones podrían manifestarse de acuerdo a la naturaleza de la red en intercambio:

Persona-persona: Como su nombre lo indica esta intercambio es de tipo personal y no necesariamente incluyen o excluyen la solución de problemas dentro de la empresa.

Persona-grupo (o equipo): En esta conexión está presente el uso consciente o no del líder circunstancial, la búsqueda u oferta de la transferencia de conocimientos para situaciones específicas.

Grupo-equipo (virtual o presencial): Usualmente está orientado al desarrollo de soluciones, respuestas, procedimientos o cualquier tipo de intercambio que agregue valor a la organización.

Empresa-grupos/equipos: Resulta de una relación eminentemente de intercambio, se busca asesoría, consultoría, o bien generar identificación para abordar un planteamiento de interés para las partes.

Todo lo anterior dependerá del enfoque y las condiciones, demandas e intereses que originaron la red social y por ende la conexión.

17 | Plan curricular esperado

Uno de los discursos más escuchados en los últimos diez años gira entorno al pasado, se dice repetidamente que los éxitos pasados no garantizan éxitos futuros parafraseando lo expuesto por Joel Barker en los años ochenta del siglo XX.

Sin embargo, al momento de seleccionar al talento humano, tal afirmación es obviada con tanta facilidad que pareciera no haber hecho eco en quienes tienen la responsabilidad de captarlo, pues basan la mayor parte de la decisión justamente en lo que niega la anterior afirmación: El resumen curricular.

Por mucho tiempo se ha entendido como un sinónimo del resumen curricular la expresión latina curriculum vitae que, de acuerdo al diccionario VOX de la lengua española, no es otra cosa que la "relación de datos personales e historia profesional" que redacta un candidato y es precisamente en la frase "historia personal" que puede encontrarse otro de los paradigmas dominantes en la selección del talento humano.

Como es lógico la historia es contada hacia atrás, pues el futuro se construye constantemente y no es posible describir algo que no ha ocurrido; pero esta observación obvia parece tener más sentido cuando se trata de batallas y estrategias que cuando se traduce a otras disciplinas, en especial en el campo administrativo y laboral, pues resulta más atractivo aquel que tiene más por hacer que quien tanto más ha hecho. ¿Falso?

Se vive en una sociedad que rinde culto a la juventud, los profesionales parecen perder su brillo una vez que han alcanzado el límite ficticio de los treinta y cinco años y cada día las empresas se orientan a contratar a los jóvenes bajo la premisa que los señala como el futuro de la sociedad.

Pero los jóvenes no albergan grandes experiencias ni altos niveles académicos, precisamente están en la etapa de su formación por lo que resulta comprensible que sus resúmenes curriculares apenas si describan sus verdaderos perfiles. Pero aun así se apuesta a ellos.

Como pudo observarse, resulta contradictorio el uso y solicitud del resumen curricular tradicional, pues en él se estampa todo aquello que se ha hecho, todo lo que se ha alcanzado y todo lo que se ha experimentado, pero difícilmente se plasma todo lo que está por hacerse y lo que sin duda se hará. Casi nunca se solicita un currículo que cuente la historia hacia adelante al momento de contratar al personal, pues en algunas organizaciones tal práctica es utilizada como herramienta de crecimiento o de apoyo al adiestramiento una vez que se ha empleado al candidato.

Efectivamente el lector puede considerar lo anterior como una utopía, pues como bien lo dice el refrán "el papel lo aguanta todo" y cualquiera podría proporcionar simples especulaciones de su futuro, infundadas y fantasiosas sólo para satisfacer las expectativas de quienes se atrevieran a solicitar un resumen curricular tan atípico, pero antes de sentenciarla como una idea descabellada habría que realizar las siguientes reflexiones:

El Plan Curricular Esperado, o PCE, es el equivalente a un Plan Ejecutivo de Negocios o a un Presupuesto de Inversión, homólogos donde la historia se cuenta hacia adelante, pues no se trata de otra cosa que la proyección que realiza el profesional en el corto, mediano y largo plazo de su futuro, su crecimiento y su condición socioeconómica en un escenario determinado basado, principalmente, en sus debilidades, oportunidades, fortalezas, y amenazas, o bien en su matriz DOFA.

Cane preguntar: ¿Acaso la planificación estratégica actual puede usar el pasado como referencia inalterable? ¿No son los presupuestos proyecciones de gasto y de inversión exigidos y revisados constantemente en una organización? ¿Es utópico esperar que un profesional sea capaz de planificar su desarrollo y crecimiento y sobre esa base se le contrate?

El PCE es un paso hacia adelante en lo que a captación de talento se refiere, principalmente porque permite observar de manera inmediata una de las competencias más solicitadas a nivel gerencial que no es otra que la planificación estratégica y el uso eficaz y efectivo de los recursos para el logro de las metas y objetivos planteados.

Evidentemente una persona que no posea una buena base profesional, entendiendo con ello el cumplimiento de los nuevos paradigmas de selección, no poseerá las condiciones para soportar un exigente plan para la obtención del PCE, salvo que se incluya la preparación y el desarrollo de esas habilidades y destrezas no presentes, y es ahí donde el evaluador deberá mostrar la agudeza necesaria para poder establecer objetivamente si el candidato cubre o no las expectativas que en torno a la búsqueda se han planteado.

Si se observa el resumen curricular tradicional desde una perspectiva ajena a los paradigmas dominantes es posible advertir que sólo pueden ofrecer experiencias pasadas que soportan los conocimientos y aciertos que el candidato ha deseado mostrar, pero poco o nada ofrecen en cuanto a los planes que posee el candidato y las estrategias que se ha trazado para alcanzarlos, por lo

207

tanto ese tipo de resumen no permite aplicar los primeros pasos de la coestima y determinar, en ausencia del candidato, si es posible nivelar sus expectativas con las que posee la organización con él.

Ahora bien, muchos empleadores solicitan a sus candidatos expresar en sus resúmenes curriculares los objetivos personales y a la par exigen la demostración de los niveles académicos, experiencias laborales y ejercicios profesionales adquiridos desde la culminación de los estudios básicos como una manera de establecer paralelismos y realizar una proyección basados en ello, lo cual ofrece un resultado subjetivo pues quien lo hace desconoce la profundidad y prioridad de los objetivos del aspirante; sería igual a pretender realizar la planificación estratégica de una empresa sólo por lo que se conoce de ella y sin tener contacto alguno con la misma.

El PCE facilita la visualización del futuro que espera alcanzar el candidato, refleja cómo éste estima superar sus debilidades y afrontar sus amenazas; contribuye a detectar competencias al observar cómo el aspirante hará uso de su experiencia y conocimientos para maximizar sus oportunidades basado en sus fortalezas.

Es simple, mostrará la capacidad creativa del candidato, el poder de su imaginación y las herramientas con las que cuenta para poder llevar a cabo sus metas; la habilidad para planificar con los recursos que posee y el tiempo en que espera alcanzarlo.

¿No es ese tipo de personas que se necesitan en las empresas?

Los paradigmas están cambiando tan rápidamente que a veces resulta difícil asimilar las nuevas prácticas con la misma facilidad con que se realizan las tradicionales y es por ello que todavía en el presente colindan nuevas tendencias con procesos anacrónicos.

Si el pasado sirviera para predecir el futuro tal vez no existiría nada de lo que ahora se conoce, pues se avanzaría siempre observando el espejo retrovisor.

El uso del PCE no significa obviar los éxitos pasados y restarle importancia a los logros obtenidos, evidentemente tiene su valor y hay que reconocerlo, pero sí cuestiona la manera tradicional de ofrecer infor-

209

mación laboral a la empresa pues el resumen tradicional destaca solo el pasado y en algunos casos lo que se espera alcanzar, pero no ofrece información alguna del cómo, cuándo, por qué y para qué, y mucho menos del valor agregado que ello generará tanto para la empresa como para el candidato.

Si las empresas desean captar el mejor talento humano han de dejar atrás las prácticas pasadas y comenzar a comprender que al igual que en la administración, las finanzas y la economía, el futuro del éxito laboral se cuenta hacia adelante.

Lo anterior puede parecerse a lo que, alguna vez, el caricaturista argentino, conocido como Quino, plasmó en una de sus entregas, específicamente al ilustrar las ocurrencias del Miguelito y su manera de pensar sobre la historia. [13]

18 | El gato de Schrödinger

Desde que la psicología hizo su entrada al mundo de la gestión humana, ha sido mucho lo que ha aportado desde entonces.

Gracias a ella, se han podido realizar avances para seleccionar a los candidatos que se ajustan significativamente al perfil deseado, todo esto, a través de la implementación y desarrollo de exámenes psicotécnicos, de tests de personalidad, pruebas proyectivas y otras tantas que, analizadas correctamente, pueden ayudar a visualizar tendencias y a proyectar, con errores mínimos, conductas deseables.

No obstante, aunado a ese tipo de tests, la puesta en práctica del *role play* en los *assessment center*, y otras actividades hipotéticas, se han puesto de moda para armar de manera más precisa el *perfil del candidato*.

Sin embargo, a pesar de que en algunos casos los resultados apuntan a que una persona posee las características adecuadas y las competencias deseadas para un cargo; su ejercicio en la empresa, una vez contratado, resulta poco menos que significativo y, en algunos casos, completamente estéril.

¿Por qué pasa eso?

Podría decirse que las razones que motivan hechos como el descrito anteriormente, tienen mucho que ver con el célebre experimento imaginario, propuesto en 1937, por el físico *Erwin Schrödinger* para ilustrar las diferencias entre interacción y medida en el campo de la mecánica cuántica y que hoy en día es conocido como *el gato de Schrödinger*.

El gato de Schrödinger consiste en un experimento mental donde se imagina a un gato dentro de una caja provista de un dispositivo peligroso.

Dicho dispositivo está conformado por una ampolla de vidrio y un martillo. Dentro de la ampolla hay un veneno.

El martillo está conectado a un mecanismo detector de partículas alfa; si se detecta una partícula alfa el martillo se acciona y, al caer, rompe la ampolla liberando el veneno, en cuyo caso, el gato moriría. No obstante, si ninguna partícula alfa es detectada, y, por consiguiente, el martillo no rompe la ampolla, el gato seguirá vivo.

Fuente: INVDES. Mayo 2018. [14]

Ahora bien, de acuerdo a *Gómez* (2001), *"cuando todo el dispositivo está preparado, se realiza el experimento. Al lado del detector se sitúa un átomo radiactivo con unas determinadas características: [el átomo] tiene un 50% de probabilidades de emitir una partícula alfa en una hora. Evidentemente, al cabo de una hora habrá ocurrido uno de los dos sucesos posibles: el átomo ha emitido una partícula alfa o no la ha emitido (...). Como resultado de la interacción, en el interior de la caja, el gato está vivo o está muerto. Pero no podemos saberlo si no la abrimos para comprobarlo"* [15].

Si se extrapola el anterior planteamiento al mundo laboral, podemos encontrarnos ante una situación similar al momento de la selección.

En este caso el *gato* es el candidato elegido o *empleado nuevo*, la *caja* es la empresa, el *dispositivo que se dispara* son los resultados de su impacto en la labor, y la *partícula alfa* vendría a ser la *evaluación* que realiza la empresa.

Por lo tanto, hasta que no se obtienen los resultados de su trabajo, el empleado nuevo, o el candidato, es tan potencialmente bueno como malo, posee los dos estados a la vez, independientemente de lo que hayan mostrado los estudios psicológicos, e incluso, su comportamiento en el *assesment center*. Algunos se preguntarán ¿por qué?

La respuesta es simple.

Algunos individuos poseen la habilidad de *deco-dificar* las pruebas psicotécnicas y, al hacerlo, logran orientar los resultados de modo tal que le sean favorables, esto ocurre en cualquier nivel, pues como las pruebas suelen ser muy parecidas, e incluso, son las mismas que en otras empresas; con solo hacer un sencillo ejercicio de memoria, puede corregirse lo que se hizo mal en una prueba anterior y alcanzar un mejor resultado en la que se responde al momento.

Otros candidatos tienen esa *chispa* para hacer y decir lo que los demás quieren escuchar durante las dramatizaciones, lo que aunado a cierta experiencia y conocimientos básicos del área en la que se han desempeñado; terminan por encantar a quienes le observan y evalúan, ya que, en la mayoría de los casos, los problemas planteados en los *assesments* son hipotéticos, y no siempre están íntimamente ligados al cargo, sino al perfil del mismo.

Ahora bien, como es una responsabilidad de la gestión humana garantizar que la inversión de tiempo y recursos, en la búsqueda de personal, sea la apropiada, la más económica y con mayor calidad de resultados, limitar la selección del personal a pruebas psicotécnicas, entrevistas o *assesments*, no es suficiente.

Se hace necesario, figurativamente, *abrir la caja* y saber si el *gato* está vivo o no, o, administrativamente hablando; si el candidato corresponde al cargo o solo parece corresponder.

Aunque puede parecer poco práctico para algunas personas, suelo sugerir a las empresas que, en lugar de hacer planteamientos hipotéticos durante la evaluación de los candidatos, basen los problemas que habrá de resolver el aspirante, en situaciones reales y bien documentadas.

Estos ejercicios no pueden realizarse en pocas horas, por el contrario, deben extenderse por días, al menos cinco días, en donde los candidatos experimenten tanto la exigencia de los horarios, como la presión por obtener los resultados y el uso limitado de recursos.

Al someter a los candidatos a situaciones que estén ocurriendo, o hayan sucedido, podrá comprobarse su verdadera experticia en el área, y su habilidad para dar respuesta a situaciones complejas, relacionadas con la realidad de la operación.

216

Los problemas deben ser reales, mas no necesariamente los datos, las personas y las áreas involucradas, todo esto con la finalidad de no dejar expuesta a la empresa.

Sólo así, viendo trabajar en *tiempo real* y en *situaciones reales* al candidato, es posible proyectar, con mayor precisión, la calidad de su desempeño, así como el grado de coincidencia con el mapa de competencias, perfil del cargo o las expectativas deseadas.

Una de las conclusiones que ofrece el experimento del *gato de Schrödinger* es que una vez que se observa un evento su condición cambia, antes de observarlo posee más de un estado posible.

El tiempo y los recursos de la empresa no deberían someterse a la corazonada de unos pocos que esperan haber elegido a "un buen candidato", a la acción de cruzar los dedos esperando que "ese sea el correcto", o al azar, acciones éstas que aparecen en conjunto o separadas independientemente de que se hayan aplicado las pruebas que, en teoría, soportan una decisión de contratación. Hay que abrir la caja.

Mientras nadie abra la caja coexistirán ambas realidades: el candidato puede ser el correcto / el candidato no es el correcto; y para saberlo algunas empresas tardan meses.

Si el candidato es el correcto, no habrá pasado nada, pero si no lo es, todo el tiempo, los recursos, el adiestramiento e incluso las interacciones ocurridas durante ese periodo con los demás miembros del equipo representarán un gasto que casi nunca se cuantifica, esto sin considerar las pérdidas por mala praxis, gestiones inconclusas o trabajos de poca calidad, ocurridos en ese tiempo.

Ahora bien, si en lugar de actuar como lo plantea el experimento de Schrödinger, se somete al candidato a actividades de impacto, controladas pero significativas, puede que aun así existan probabilidades de desacierto, pero en menor grado que cuando solo nos dejamos llevar por lo que creemos que es, o por lo que se logra interpretar por los resultados de las pruebas que hacemos.

Es sencillo: la interpretación es relativa; el resultado de un ejercicio, de una decisión, de una actividad es cuantificable y comparable. Se acierta o no.

218

19 | Ocho competencias universales

Antes de iniciar, es importante destacar que se hará referencia a un contenido bíblico sin que ello pretenda, desde ningún punto de vista, irrespetar o malinterpretar lo que expone, simplemente, se usará como sustento de lo que se explicará, más adelante, procurando, de alguna manera, ilustrar con la exposición lo que sucedería si tales hechos ocurrieran en ambiente administrativo.

Quienes han leído, alguna vez, el Nuevo Testamento y se han topado con el Evangelio según San Mateo, específicamente en el capítulo 5 del versículo 3 al 12, habrán observado, desde una óptica cristiana, las cualidades que habrán de poseer las personas para ser considerados dignos candidatos para entrar en el *Reino de los Cielos*, de acuerdo a las palabras expuestas por el mismo Jesús.

La visión de estas cualidades espirituales son magistralmente expuestas por *Mark Copeland* y traducidas al español por *Nicolás Hernández* en una disertación religiosa sobre esa versión de la fe cristiana.

Ahora bien, sin ánimos de pretender abarcar el conocimiento filosófico y trascendental de Jesús de Nazaret, cuyas palabras y verdades se mantienen inmutables en el tiempo; es posible extrapolar las bienaventuranzas del *Sermón del Monte* al campo laboral y describir, en ocho afirmaciones, las competencias que, en líneas generales, habrán de poseer los profesionales empleables en el siglo XXI, al menos hasta que muchos de los paradigmas existentes evolucionen lo suficiente para dar paso a otros elementos también de interés, pues, en la medida en que se avance en el conocimiento, la mayor parte de los elementos que a continuación se describen serán de dominio y practica universal.

Aunque podrían interpretarse como un conjunto ideal de ocho competencias laborales, con ellas no sólo se señalan esas habilidades y talentos que debe poseer todo profesional en el presente, y en el futuro inmediato, también permiten establecer los beneficios que redundarán en las personas que las muestren.

Estas competencias son:

1. Dominar más de un idioma, porque ellos los conectará con el mundo

El mundo ha cambiado tanto en los últimos cincuenta años que resulta difícil resumir en unas líneas todo lo que ello significa.

Esos cambios han producido una variación en el concepto del profesional que dista mucho del que dominó el pensamiento industrial en el pasado; hoy en día se ha de tener una mentalidad multicultural de amplio espectro y esto responde a que sencillamente se está en presencia de un mundo sin fronteras. Esta realidad, principalmente soportada en la tecnología, también exige al profesional moderno poderse desdoblar en cualquier escenario y destacarse como un ente capaz de generar empatía con sus interlocutores, entendiendo que así mismo como se han de conocer la semántica de las regiones de un país para no deslucir en negociaciones internas o experiencias de intercambio, existe la misma exigencia para abordar escenarios foráneos donde el idioma sea distinto al materno. Si bien es cierto que existe un predominio importante de la lengua inglesa y es prácticamente universal su uso, no es menos cierto que conocer un idioma adicional al propio no es suficiente y se hace necesario, al menos, de poder comunicarse en un tercer lenguaje.

Esta realidad no es nueva, hace varios siglos el paradigma de las sociedades existentes entendían la necesidad de conocer varios idiomas, sin importar que se tratara del enemigo o de las tierras conquistadas, pues eso les aseguraba mantenerse informados y capacitados para afrontar cualquier exigencia. Ese paradigma casi olvidado se reafirma en este mundo globalizado y es por ello que cada día existen más profesionales aprendiendo idiomas como el japonés, inglés, francés, ruso y alemán, a la par de que sus representantes estudian el español, el portugués y el italiano, para nombrar algunos.

Un profesional completo es aquel que desarrolla en su totalidad las competencias que posee y entiende que mientras más se comunique y mejor lo haga mayor posibilidad tendrá de éxito.

Esta competencia también abre las puertas al empleo, pues al poseerse la capacidad de comunicarse en varios idiomas las oportunidades se multiplicarán geométricamente para los interesados en incursionar en otros escenarios.

2. Conocer de programación, electrónica y sistemas, para que nunca les falte una herramienta

Cuando se comenzó a hablar del *homo ciberneticus* en la década de los noventa en el siglo XX pudo haberse mal interpretado el concepto asociado a tal expresión, pues no se trataba de una generación eminentemente tecnológica que destronaría la visión analógica que impera en la sociedad transformando en obsoleto todo lo antes conocido. Por el contrario, la visión de esa "evolución" consistía primordialmente en el conocimiento y las competencias que el profesional tenía que poseer en el campo tecnológico tanto presente como pasado, manteniendo su atención en los cambios que el futuro aporte.

En la actualidad pueden observarse un importante número de programadores y expertos en sistemas que no manejan programas actuales y sistemas

223

modernos, su especialidad –aunque existente– se ha ido reduciendo estrechando el mercado donde deben operar, esto ha ocurrido porque no ha existido una orientación a la actualización. Sin embargo, tal descuido no parece ser exclusivo de los profesionales de la programación y sistemas, los profesionales jóvenes tienden a no preocuparse por conocer como operaban las máquinas en el pasado y algunos profesionales maduros poco o nada desean conocer de las nuevas tecnologías, esto pone en riesgo la trasferencia del conocimiento y el desarrollo de habilidades tecnológicas, pues en situaciones extremas ambas partes quedarían inhabilitadas. Así mismo parece no haberse comprendido en su totalidad la necesidad de profundizar en el conocimiento tecnológico, algunas empresas se orientan a desarrollar sólo habilidades en el manejo de hojas de cálculo, procesadores de palabras y formatos de presentaciones electrónicas para buena parte de su personal, pero desestiman la posibilidad de incrementar la participación del mismo en jornadas técnicas que los preparen para la programación y el desarrollo de sistemas, obviando el principio de gerenciar el uso de la tecnología que propone la Cybergerencia, la cual supone que el uso de los sistemas no es exclusivo de un grupo de individuos sino de todo el entorno.

El profesional contemporáneo debe estar a la altura del conocimiento tecnológico sin que se entienda por ello que ha de poseer un nivel de experto, pero así como se exige conocer de principios contables y financieros para manejar un negocio, a la par del mercadeo y la publicidad, conocer de sistemas, tanto los pasados como los presentes y estar atentos a los futuros, le ofrecerá un sitial de honor que lo diferenciará de aquellos que se resisten a avanzar y de quienes consideran que conocer el origen de las cosas es una pérdida de tiempo.

3. Ser reconocidos por valorar a la gente, porque serán considerados líderes

Una vez que sea asimilada en su totalidad la premisa que reza: "la gente es la empresa" muchas de las deficiencias gerenciales presentes en las organizaciones contemporáneas desaparecerán de manera inmediata. Tal y como se propuso en el Congreso Mundial de Recursos Humanos en México celebrado en el año 2002, la visión que han de desarrollar las empresas deberá estar orientada a "volver a la gente" y ello significa el otorgamiento de toda la importancia y el valor que ella posee. Sencillamente sin gente no hay empresa. Es por ello que aquellos profesionales que desarrollen una sensibilidad verdadera por este concepto, se inclinen a buscar el beneficio de las personas, sin que ello signifique sacrificios exagerados en el manejo del negocio y sepan manejar las competencias y habilidades de la gente para permitirles intervenir en el destino de las organizaciones, terminarán por ser considerados verdaderos líderes circunstanciales y su influencia en el personal generará verdaderos resultados extraordinarios. De lo contrario, y mientras se continúe observando al personal como un simple "recurso" para alcanzar la visión del negocio sin involucrarlo realmente en el proceso, el liderazgo continuará siendo ejercido de manera vertical y bajo la premisa del líder formal impuesto por la jerarquía de su posición en la empresa.

Las organizaciones están cambiando, cada día se hace más importante valorar a la gente porque al hacerlo el profesional se está valorando así mismo, por lo tanto quienes asuman esa posición serán dignos de ser imitados y ser seguidos.

4. Mantener actualizados los conocimiento, acumular experiencia y agregan valor, así siempre estarán ocupados

Los nuevos paradigmas de selección y la nueva visión de la estabilidad laboral están abriendo una puerta a los profesionales, tanto aquellos que están certificados como los que han acumulado un importante capital intelectual y similar número de habilidades. El futuro (inmediato) será dominado por aquellos que manejen el conocimiento desde una perspectiva holística, individuos cuya capacidad de multihabilidad y sapiencia les permitirá moverse de un escenario a otro garantizando la calidad del producto o del servicio y sin perder la capacidad de innovar.

Este talento humano conocerá lo necesario de todo aquello que está involucrado con su quehacer sin que sea etiquetado como "aquel que hace de todo" pues su experticia estará orientada a una visión específica.

227

Evidentemente las organizaciones habrán de ajustar sus procesos a la presencia de estos individuos, flexibilizando sus horarios, conceptos de la realización del trabajo y garantizando un importante porcentaje de vida social.

5. Mantenerse sedientos de sabiduría, porque así nunca serán obsoletos

Aquellos que no han entendido que el futuro (inmediato) será dominado por el conocimiento y la puesta en práctica del mismo, sencillamente estarán aislados de la comunidad laboral la cual demandará constantemente la presencia de datos actualizados y de vanguardia. Cada día se hará más necesario la certificación del conocimiento, no solo de la manera tradicional, a través de los estudios académicos, sino que comenzarán a intervenir de manera directa las organizaciones o colegios existentes en cada ramo, e incluso de forma conexa, pues como ya se señaló los profesionales habrán de incursionar en aquellas áreas relacionadas con su especialidad y por ende habrán de ser certificados en ellas con el mismo nivel de exigencia.

En tal sentido todas aquellas personas que constantemente renueven o profundicen sus conocimientos serán los primeros en obtener y mantener la certificación profesional que los mantendrá actualizados y atractivos para el mercado, sin importar las limitaciones subjetivas presentes en la selección actual, pues para el mundo laboral jamás serán obsoletos.

Pero es evidente que esto aplicará de manera espontánea sólo al principio y mientras se tarde en entender la necesidad de mantener un contacto directo con el conocimiento pasado, presente y creciente, lo cual será sencillo para quien ha asimilado tal responsabilidad, posteriormente será una exigencia excluyente e ineludible.

6. Aprender de sus errores, porque ello hará posible que se conviertan en expertos

Administrar los errores será una ventaja competitiva y comparativa para el profesional del nuevo milenio. Así como en la actualidad se documentan los éxitos, con mucha más razón y sentido se documentarán los errores, se estudiarán y se someterán a discusión para encontrar formas inteligentes de sacar provecho al fracaso y evitar su repetición.

El error comenzará a ser visto como una experiencia que exige la puesta en marcha de varias competencias gerenciales: reflexión, capacidad de respuesta, toma de decisiones, planeación inmediata y sensibilidad al riesgo, las cuales difícilmente serán experimentadas con la misma intensidad cuando sólo se ha conocido el éxito.

Quienes experimenten de los errores y aprendan de ellos se convertirán en los expertos ideales que las empresas requieren, personas con la agudeza necesaria para observar los puntos débiles de un sistema y que conocen a plenitud las consecuencias y distorsiones posibles que un error genera.

7. Aceptar y promover cambios, porque ello les permitirá ser siempre pioneros

Aquellos individuos que observan los cambios como una oportunidad de crecer, como el resultado de una etapa que termina y otra que comienza, ofreciendo a quienes lo experimentan esa sensación de incertidumbre que exige una actitud positiva, llena de prestancia, atención, dedicación y esmero, serán los más aptos para sobrevivir en el mundo contemporáneo donde lo único constante será cambiar.

La habilidad de mantenerse a flote ante las diferentes oleadas que experimentará el profesional del siglo XXI y los siglos venideros, será una competencia envidiable e imitable por la gran mayoría. Se derrumbarán las creencias que suponen los cambios como la carencia de constancia, pues aquellos que aceptan los cambios tendrán siempre presente una visión clara, sabrán exactamente hacia donde se dirigen y sortearán los cambios para lograr alcanzar sus metas, haciendo uso de los mismos como herramientas de éxito.

Ser pionero es aceptar el reto de la incertidumbre, y el cambio es el resultado de la incertidumbre y viceversa, por ello serán dichosos aquellos que observen con agrado la presencia del cambio, porque serán exitosos en cualquier escenario.

8. Usar el pensamiento disruptivo para romper paradigmas, porque así se construirá el mañana

Aceptar las reglas del juego no significa compartirlas, a veces hay que aprender lo suficiente sobre una regla para poder tener la fortaleza de romperla. Si no fuese así el hombre aún viviría en cuevas, andaría desnudo y comería de la caza, la recolección y la pesca en las expresiones más básicas de sus conceptos. Gracias a aquellos que se han atrevido a decir, hacer y desarrollar lo que ponía en peligro el statu quo es que se han logrado avances significativos en las ciencias, las artes, las sociedades y las culturas.

Pero romper un paradigma amerita de responsabilidad y criterio. No se puede alterar una regla por simple capricho o mera distracción, pues la onda expansiva que genera un cambio en la visión de las cosas puede crear barreras ideológicas que generen mucho daño o expresiones de libertinaje que terminan por desequilibrar un sistema.

Los paradigmas se rompen para avanzar en la escala evolutiva del pensamiento y la acción, se sabe que se ha hecho lo correcto cuando el resultado de la alteración genera bienestar en quienes lo experimentan sin distingo alguno de condición, de lo contrario no se ha roto un paradigma sino que se ha relajado una regla.

232

El mundo laboral en que se vive actualmente se irá sincronizando de manera perfecta con la vida social del ser humano, esta relación de equilibrio constante requerirá de personas capaces de observar los paradigmas como escalones evolutivos cuya superación generará un estado superior y por ende desaparecerán los elementos que hacen imperfecto y cuestionable el orden presente, es por ello que serán dichosos los que de manera consciente y responsable propongan innovadoras formas de observar, vivir y afrontar el futuro (inmediato) porque demostrarán que ese mañana lleno de caos y destrucción que se suele imaginar estará muy distante de lo que el hombre ha de construir.

Como pudo observarse no se ha dicho nada nuevo, tal y como Jesús lo hizo en su sermón, las cualidades del profesional empleable siempre han sido las mismas, pero como es obvio se han estado ajustadas al tiempo en que se requerían, hoy en día se exige estar más atento al nuevo conocimiento sin que ello signifique desestimar el conocimiento pasado. Mucho se ha hablado de la capacidad y multihabilidad que el individuo debe poseer, pero a veces se observa más desde la perspectiva de cómo ello beneficia a la empresa que desde el punto de vista del beneficio personal que ello genera.

Uno de los aportes de las ocho competencias universales se encuentra en que se describe la aptitud y se señala el beneficio de tenerla, otra vez en analogía las bienaventuranzas cristianas, por tanto se le está ofreciendo al individuo la oportunidad de reflexionar sobre sus potencialidades e impulsar su desarrollo y a las organizaciones se les está exhortando a valorarlas de la manera correcta.

20

Éxito y relatividad

Sentirse exitoso es algo incuantificable e incluso indescriptible, se puede tratar de hacer todo tipo de metáforas pero difícilmente las palabras describirán la sensación que produce. El éxito es una meta que debe repetirse tantas veces cuanto sea necesario. No hay límites para experimentarlo.

El éxito produce orgullo, satisfacción y felicidad, pero a la vez produce insatisfacción, desdén, envidia y frustración para quienes solo pueden observar en terceros su presencia y, en algunos casos hasta en las personas que lo experimentan. Pero ¿qué es el éxito?

De acuerdo al diccionario Larousse la palabra éxito debe ser entendida de cuatro formas distintas: "1. Resultado, en especial feliz, de una empresa o acción emprendida, o de un suceso 2. Cosa que supone un éxito o resultado 3. Aceptación de una persona o una cosa por parte de gran cantidad de gente 4. Circunstancia de obtener lo que se desea en el ámbito profesional, social o económico". Siendo este último concepto el que más se usa.

Pero pocas veces se le asocia con la connotación inicial que tuvo en algún momento de siglo XVIII, donde se le consideró sinónimo de "Préstamo". La palabra éxito proviene del latín exitus que significa 'salida' o 'resultado', también se deriva de exire que significa 'salir' (exit en inglés) por lo que forma parte de la familia etimológica del verbo ir, como también lo señala el Larousse.

Así pues que, el éxito, al menos como palabra, parece contener un significado más amplio y complejo que el que se le da en la rutina del lenguaje diario y, por ende, no necesariamente debería ser asociado únicamente al reconocimiento y al dinero como usualmente se hace.

Ser exitoso depende de muchos factores y puntos de vista que pueden curvar el sentido lógico y emotivo que encierra la palabra para adaptarse a las circunstancias que la invocan. En la película The Family Man (Hombre de Familia) – 2000, puede observarse como el Director Brett Ratner muestra su peculiar concepto del éxito cuando transforma la vida de un hombre adinerado y solo, representado por Nicolas Cage, en un padre sacrificado y dedicado esposo. Pero este concepto anti-estereotipo ya había sido explorado en la película With Honors (Con Honores) – 1994, donde Alex Keshishian, su director, invita a cuestionar los paradigmas asociados al éxito relacionándolo más con la capacidad del desarrollo de la sensibilidad humana que al récord académico y su impacto económico.

Ser exitoso depende principalmente de los valores y principios que se le adjudiquen a esa palabra y a la visión que se posea de sí mismo, mientras que estén perfectamente alineados a la esperanza o plan de vida que se posea. Por ejemplo, si el sueño es alcanzar el más alto nivel académico en una carrera, sacrificando todo lo que socialmente se considera lógico y necesario para autorrealizarse, y la meta se logra ¿quién está autorizado para cuestionarlo? El éxito es la salida, la acción de ir tras lo que se desea y se espera, de alcanzarlo. Nadie puede delimitar sus fronteras porque al fin y al cabo el éxito es una experiencia personal.

Ahora bien, ser exitoso no necesariamente significa obtener un resultado bueno o favorable, se puede tener éxito y generar daño, o tener éxito y ser completamente efímero y estéril. Por ejemplo, Adolf Hitler (1889-1945) tuvo éxito en buena parte de su campaña, como líder y como estratega, pero las consecuencias de sus logros causaron el holocausto. ¿Eso lo hace menos exitoso? La respuesta es no, él tuvo éxito en lo que se propuso.

Algunas personas se sienten presionados por el éxito, conciben sus vidas vacías y sin sentido porque no han logrado alcanzar los estándares generalmente aceptados con relación al éxito, cuando en realidad esa sensación de insatisfacción y frustración son consecuencia de una conceptualización exagerada y, hasta cierto punto, comercial y manipulada de lo que ha de comprenderse por ello.

En la escena social el éxito se asocia a la comodidad de la vivienda, elegancia y sofisticación de los medios de transporte, ostentación de riquezas y tecnología. En el campo laboral se relaciona con el reconocimiento, la posición jerárquica y el nivel de mando y en el campo educativo con los títulos de grado y postgrado que se puedan alcanzar en determinadas carreras. Pero en realidad, tales elementos rara vez se conjugan en una sola persona cuyo sentimiento de satisfacción y paz le permita experimentar una vida sin complicaciones.

Esa visión limitada del éxito lo que ha generado es una conducta orientada a satisfacer alguna de las tres versiones anteriores, y otras tantas, a costa de lo que sea; si se carece de posibilidades académicas o laborales se recurre al azar para lograr satisfacer el estereotipo social generando con ello una prospección a la ludopatía.

Si se trata en el área laboral, son tales las presiones que ejerce la imagen del éxito asociadas a ese escenario, que existen personas capaces de sacrificarlo todo por lograr la aceptación y el reconocimiento en su trabajo, suprimiendo a tal punto su vida social y familiar que terminan por convertirse en verdadero adictos al trabajo y menoscabando su salud física y psicológica. La ausencia de títulos y grados ha inspirado la adquisición y comercialización de éstos de manera

239

inmerecida y totalmente referencial, incluso la alusión a los mismos aun cuando en realidad no se posean, alimentando así la mitomanía y la certificación ilícita, por ejemplo.

Pero cabe preguntarse ¿acaso tener éxito en una sola área es suficiente para considerarse exitoso?

Nuevamente dependerá del individuo que lo experimente. Desde un punto de vista muy particular tener éxito en una única área no transforma a la persona en un individuo de exitoso, aunque no se puede negar que ha sobresalido si se le compara con aquel que no lo ha experimentado.

Sin embargo, a modo de reflexión, podría decirse que una persona exitosa debería ser aquella que logre conjugar el equilibrio entre cada uno de los escenarios que explora, pero, sobre todo, que su éxito, entendido como su salida, jamás reste valor a la sociedad, comunidad o ambiente donde se desempeña, ni a terceros ni a sí mismo, pues de lo contrario lo que es un éxito para él, en el contexto en que le sea reconocido, sería una desgracia para otros y esto generaría desmérito en el resultado final. Por ende el éxito es sustancialmente relativo.

Por otro lado, la única persona moralmente autorizada y certificada para calificar el éxito o el fracaso de un individuo es él mismo, pues, como ya se señaló, se trata de un elemento tan particular que sólo quien lo experimenta puede establecer el grado de satisfacción y la sensación de logro que ello le genera. El resto está asociado más a paradigmas y estándares que no necesariamente se ajustan a las expectativas que poseen todas las personas. Pueden ser válidas para inspirar pero también frustrantes al no satisfacerse como la mayoría lo exige.

El éxito dependerá más de lo que se espera de sí mismo que de lo que piensen y acuerden terceros. No obstante, es prudente señalar que el éxito deja de poseer connotación personal cuando el individuo decide someterse a un escenario normado y regulado, en ese caso habrán de cubrirse las expectativas de terceros para poderlo experimentar como ellos lo han establecido.

FÉLIX SOCORRO, PhD

21

¿Qué tan útil es la experiencia?

Entre los 0 y los 18 años de vida, en el mejor de los casos, la experiencia es un tema que se deja a los adultos y es la curiosidad y el ensayo y el error los que reinan en ese mágico periodo.

Pero cuando se han culminado los estudios o, simplemente se asoma la posibilidad (y en algunos casos la necesidad) de ser empleado por alguna persona, empresa u organización, la experiencia deja de ser un tema de adultos y se convierte, además de una inmensa preocupación, en una limitante repetitiva en boca de quienes se toman el tiempo de considerarnos como posibles candidatos para un cargo, una tarea o un nivel de conocimiento específico. Repentinamente nos damos cuenta de que estamos fuera del mercado laboral porque no poseemos absolutamente ninguna experiencia.

Justo en ese momento, aquello que parecía ser simple teoría se convierte en un requisito exigible y excluyente. ¡Tenemos que tener experiencia! Pero la experiencia no se compara con el acto de comprar una medicina o un suculento plato en un restaurant de comida rápida, qué bueno sería que su adquisición estuviera tan a la mano como en aquel momento donde Neo, el héroe de la película The Matrix, abre los ojos y le dice a Morpheus (después de haber sido grabada en su memoria la información) "Ahora sé Kung Fu". La experiencia es un proceso gradual que consta de práctica, teórica, emociones, excitación neuronal e imaginación. Si esos cinco (5) elementos están ausentes simplemente no se completan los pasos y se falla al intentar cualquier tarea. Pero como proceso gradual no debe entenderse que requiere el mismo tiempo en todo momento y en todo caso, eso es una competencia individual que nos diferencia, cada persona aprende a su ritmo. Así que una vez que se entiende que sin ella no se puede pretender ser candidato comienza la carrera por conquistarla cual el más preciado premio. Primero se ha de convencer a alguien que se es capaz de hacer la tarea, luego hay que pasar por un periodo de breves frustraciones cuando los resultados no cubren las expectativas o cuando el enfoque no ha sido el correcto. Durante ese proceso aparecen luces que forman el carácter y orientan a la persona, algunas descubren que están hechas para ese trabajo y se convierten en expertas, otras observan que pueden hacer más y luchan por crecer, finalmente hay quienes se dan cuenta que ese no es el camino y realizan otro intento.

A lo largo del tiempo, independientemente de lo que haya ocurrido luego del primer ejercicio, las condiciones suelen cambiar y la decisión de probar en otros escenarios puede ser inspirada por pensamientos propios o como consecuencia de la acción de terceros, el hecho es que incursionar en el mercado es un paso que toda persona tiene que dar en algún momento de su vida, no en todos los casos, por supuesto.

En esa etapa no falta quien considera demasiado poca la experiencia acumulada, otras que la observaran incompleta y, sin duda, habrá quienes creerán que supera las expectativas. Esto se debe a lo que yo he llamado "el mito del anillo o el mito de la horma", pues algunas personas, en especial durante el proceso de selección, pretenden conseguir al candidato que se parezca en un 99.99% al cargo "en el peor de los casos" y eso hace que se rechace un buen número de talento humano porque no encaja "como anillo al dedo en la organización"

Es simple, para que una persona tenga experiencia en algo debe trabajar en aquello que desconoce, si no lo hace es imposible que llegue a desarrollarla ¿es esto tan difícil de entender? Creo que no.

El hecho es que en el devenir del crecimiento y desarrollo del individuo en el campo laboral, e incluso en otros campos, el tiempo, la práctica y la teoría se conjugan para formarlo como una persona conocedora, experimentada y atractiva. Pero es justo ahí donde está la paradoja. Una vez que se ha acumulado toda la experiencia necesaria ésta se vuelve peligrosa y excluyente. Se hace peligrosa porque en la mayoría de los casos nadie quiere tener como subordinado a alguien que pueda saber más que él, es obvio, si se atreve a contratar a una persona que lo aventaje en conocimiento y experiencia su cargo peligra ¿o no?... y es excluyente porque cuando se sabe mucho de algo y a la vez se tiene suficiente experiencia práctica resulta difícil

246

ubicar al individuo en el tabulador salarial que la empresa posee sin herir susceptibilidades o generar conflictos con los demás empleados que no perciben de inmediato el nivel teórico-práctico del recién llegado.

Lo anterior termina por dejar fuera del mercado, en ciertos casos, por su experiencia y conocimiento, a quien estuvo fuera del mercado justamente porque no tenía suficiente experiencia y conocimiento para estar en él... ¡qué paradójico!

Por supuesto que no faltará quien diga que los extremos son malos, gracias a su derecho hacer juicios de valor, pero ante tal planteamiento valdría la pena reflexionar: Cuando no tienes experiencia la necesitas para todo cuanto quieres alcanzar, no pareciera haber nada que no la exija, pero cuando la tienes nadie la necesita prefieren probar con personas que estén un poco menos experimentadas, entonces ¿para qué sirve la experiencia?

La experiencia servirá en la medida que quienes la exigen comprendan el valor que posee construirla y lo extraordinario que representa compartirla, mientras eso no pase seguiremos alimentando esa absurda paradoja.

22 | El perfil «Da Vinci»

¿Qué diferencia al genio de la persona común? Si se parte del principio inmutable que asegura que todas las personas poseen el mismo nivel de inteligencia, la respuesta más acertada a esa pregunta ha de ser: Que el genio aprendió a preguntarse por qué y a buscar la respuesta mientras que la persona común se pregunta por qué y espera que otro le dé la respuesta.

Pero la respuestas a cualquier pregunta no se dan en macetas, ni se consiguen en todos los libros y, mucho menos, surgen con facilidad de la boca de aquellos que consideramos sabios. Las respuestas a las preguntas se encuentran gracias al esfuerzo y la dedicación que se dedique en indagar acerca de ellas y, sobre todo, a crearlas si los elementos que se encuentran no son lo suficientemente convincentes.

Para poder encontrar respuestas hay que poseer suficiente información y, a la vez, gozar de un amplio conocimiento. El conocimiento surge de la experiencia, el contacto con datos confiables, medibles y sostenibles que gozan de lógica, aceptación y una buena dosis de oposición que impulsa al hombre a seguir indagando. El conocimiento adquirido por la experiencia resulta de sumo interés debido a que gracias a él se han documentado y transferido las consecuencias de un evento o lo profundo de una reflexión y, con ello, se ha dado origen a los datos que hacen posible la educación académica, la cual no es otra cosa que un compendio de información ordenada y ajustada a una parte de la realidad que se desea explorar y de la cual se espera ser especialista.

Sería sencillo para la mayoría si los datos que generan el conocimiento fuesen estáticos y repetitivos, pues al igual que una oración que se reproduce constantemente sin alteración; se aprenderían de memoria y no sería necesario escudriñar más en su concepto. Pero, tal y como lo afirmó Heráclito "lo único constante es el cambio" y esa verdad inevitable es lo que ha permitido al hombre alcanzar el nivel de conocimiento que posee en el presente aun cuando un importante número de paradigmas que había logrado desarrollar han sido prácticamente erradicados del inconsciente universal y, por lo tanto, hoy no se goza de tantas ventajas como alguna vez pareció ser el día a día.

En el pasado el hombre era sometido a una suerte de tormenta de conocimientos que lo convertían en un verdadero poseedor de una visión 360 del mundo en que vivía. Conocía de idiomas, ciencias, cálculos y de todo cuanto fuese necesario para que su creatividad generara las ideas que han hecho posible los avances de los que hoy goza la humanidad.

Hace unos cinco mil años el conocimiento y el saber dejaron de ser simples figuras dibujadas en cavernas y se convirtieron en escritura gracias a los Sumerios. Esa onda expansiva alcanzó a civilizaciones como la Egipcia, la Griega y la Romana mientras que de una manera inexplicable hacía lo propio en América y Asia.

Existen registros que demuestran que el hombre antiguo era educado en todas las ciencias conocidas para la época, el Moisés histórico, por ejemplo, fue instruido y formado por los más importantes sabios del Faraón, aunque tal situación hace suponer, y con razón, que pocos tenían acceso al conocimiento existente.

Otro ejemplo de lo diverso, extenso e importante estar debidamente formado en el mundo antiguo fue sutilmente representado en la película Brave Heart, de Mel Gibson, cuando en la interpretación de un personaje real, Sir William Wallace (1270 – 1305 d.C), introduce un diálogo donde su prometida le manifiesta no saber leer y le pide a Wallace que le enseñe a hacerlo y éste le pregunta "¿en qué idioma?". A lo largo del film pueden apreciarse eventos donde la educación compleja recibida por el personaje le sirvió para afrontar con éxito la mayor parte de su empresa.

Pero uno de los ejemplos más significativos de la envergadura que poseía el conocimiento en el pasado se encuentra en la vida y obra del ingenioso Leonardo Da Vinci (1452 – 1519 d.C) quien se convirtió en la referencia obligada del Renacimiento y que, sin duda alguna, ha de ser el modelo a seguir en el siglo XXI y en los venideros.

252

Leonardo se destacó en casi todas las disciplinas conocidas para su época, fue escritor, científico, pintor, escultor, investigador y sobre todo un gran inventor. Toda esa versatilidad le otorga a Da Vinci un sitial de honor en la historia que lo clama como un verdadero genio, pero la verdad es otra. Leonardo era una persona común que simplemente no esperó obtener la respuesta sus preguntas a través de otras personas ni se conformó con los paradigmas dominantes de su época. Estudió, cuestionó y respondió muchas de las interrogantes que se hizo y desarrollo la capacidad de mirar más allá de las limitadas fronteras de su tiempo.

Cuando la humanidad se estaba apenas adentrando en el mundo de la anatomía moderna ya Da Vinci había descubierto la arteriosclerosis y algunas de sus posibles causas. El hombre no pensaba aun en el uso de máquinas sofisticadas para hacer frente a las batallas cuando Leonardo ya había ideado el Tanque de Guerra y el Traje de Buzo.

Fue su curiosidad la que lo impulsó a extender los límites de lo conocido y a dejar un legado que aún hoy asombra al mundo.

Pero ¿qué tiene esto que ver con el profesional moderno?

El paradigma dominante del presente se orienta a la especialización del profesional, conocer bien de un algo en particular asegura en apariencia un futuro estable y prometedor, o por lo menos esas son las expectativas entorno a esta afirmación. No obstante la realidad presente en ese futuro inmediato que aguarda es completamente distinta, los mercados y las empresas están orientándose cada vez más a poseer personal capacitado en múltiples áreas para así poder afrontar los retos que constantemente aparecen debido al avance inevitable de la competencia, la tecnología y el conocimiento.

El mundo ya no requiere de personas que posean una visión unidimensional del entorno, eso funcionó en el pasado y fue la base de la creación de grandes equipos multidisciplinarios que atacaban problemas o retos en diferentes áreas. Pero la tendencia que se inició en los años 80 del siglo XX exige hacer más con menos y eso incluye a las personas. Si se posee un número limitado de colaboradores que poseen una visión amplia y compleja de las organizaciones y los escenarios donde esta se desenvuelve sería el equivalente a tener en una misma área a un amplio grupo de especialistas ofreciendo sus opiniones y esperando lograr el consenso de la mayoría.

Leonardo Da Vinci fue un profesional completo en varias áreas y su condición demuestra la capacidad ilimitada que posee el hombre en cualquier escenario si deja de actuar como una persona común y comienza a desarrollar la actitud del genio.

En el presente, uno de los medios más acertados para lograr poseer esa visión 360 que en el pasado experimentaron los pensadores e inventores en las distintas épocas, se encuentra en la realización constante y diversificada de estudios de postgrados y en el ejercicio personal y particular del conocimiento que surja de esas actividades.

Por ejemplo, un profesional de administración de personal no puede limitar su conocimiento sólo a lo que se refiere al capital humano, sus decisiones, planes y estrategias afectan a la empresa en áreas como finanzas, contabilidad, mercadeo, ventas, producción, servicios, publicidad e imagen, por lo tanto, el responsable de esa área debe conocer suficientemente de cada una de esas disciplinas para poder tomar decisiones más acertadas e incluso extraordinarias que generen resultados y consecuencias de un alto significado. Es por ello que hoy no resulta extraño observar a médicos, abogados, ingenieros y otras ramas que parecían estar divorciadas del tema administrativo presentes en maestrías de administración de negocios (MBA).

Lo anterior se traduce en que un profesional de un área en particular no puede limitarse a ver las cosas desde su nicho de conocimiento, pues aunque ve jamás poseerá toda la información que requiere para asumir con verdadero éxito la empresa que emprenda. Es necesario saber y conocer de otras disciplinas.

Poseer un título universitario no forma al genio, esa es otra verdad inmutable, simplemente da herramientas y datos al individuo para que este pueda armar con cierta facilidad una parte del rompecabezas. Pero no todo. Para ello se requiere estar en constante preparación, poder observar los escenarios desde una perspectiva tridimensional que permita no dejar sin explorar todo sus lados. Sólo así se será un verdadero profesional. Un profesional completo y multihabilidoso. El profesional que requieren los

256

mercados, las empresas y las organizaciones del siglo XXI y que, de manera irónica, no dista en lo absoluto del perfil que poseía un hombre del renacimiento como lo fue Leonardo Da Vinci.

FÉLIX SOCORRO, PhD

23

Títulos y cargos

No hay nada más útil que invocar al "uso y costumbre" para explicar muchos de los paradigmas e incluso gran parte de las expectativas que flotan en la sociedad con relación a ciertos elementos de la administración contemporánea, como son los tan comunes títulos y denominaciones que se le dan a los cargos.

Soñar con ser el presidente de una firma no es extraño para nadie, y es que hasta las expresiones culturales como el cine y las telenovelas alimentan este tipo de fantasías ofreciendo imagines de acaudalados magnates de extensas y lujosas oficinas donde el dinero parece estar asociado a un cargo o a un título en particular.

Ese tipo de ilusiones sociales generan en las personas al menos dos expresiones opuestas, orientadas al mismo fin pero con diferentes metodologías para alcanzarlos, ya sea por la vía difícil: estudios, trabajo y privaciones, o por la vía "fácil" a través de no tan obvios elementos.

La posesión de títulos y cargos parece ser un denominador común que reside en el subconsciente de cada persona que desea crecer en el campo laboral, no importa su posición, ya sea como empleado o como empleador.

Algunas empresas han sabido explotar tales pretensiones otorgando a actividades sencillas, operativas y monótonas denominaciones rimbombantes que resultan atractivas para las personas cuyo paradigma dominante da particular importancia a los nombres que posea un cargo cualquiera. Por ejemplo pareciera tener más nivel y sofisticación ser un "Ejecutivo de Ventas" que un "Vendedor" aun cuando la finalidad sea completamente la misma. Ser conocido como "Director de Administración" y no como el "Responsable de la Empresa" resultará más acorde con las responsabilidades que se poseen en un área en particular y, finalmente, no pareciera poseer el mismo impacto, en lo que al resguardo de las
260

instalaciones se trata, contratar a un "Vigilante" en vez de un "Oficial de Seguridad".

Es un hecho. Muchas posiciones son sobrevaloradas debido a la explotación del nombre que le asignan obviando totalmente el nivel de responsabilidad e incluso de remuneración que la misma posee. No obstante, una vez que se ingresa en el mercado laboral esta ilusión asociada a los nombres puede llegar a producir decepciones alarmantes, pues es también muy común observar cómo cargos u ocupaciones que carecen de ciertas exigencias resultan mejor remunerados y dan mayores satisfacciones que aquellos que parecen inalcanzables y son rudamente disputados en la escena laboral.

Un ejemplo de estos encuentros con la realidad se aprecia en el mercado cibernético. Los programadores y analistas de sistemas suelen poseer niveles de ingresos de respetable cuantía dependiendo del nivel de especialización que posean. Es tan interesante estudiar estos casos que para algunas personas resulta insólito observar que un joven programador de Oracle, por citar alguna rama, puede recibir como contraprestación la misma suma o una mayor que cualquier director, gerente o jefe de sistemas de una mediana empresa, y todo ello sin tener que asumir las limitaciones asociadas a esas denominaciones, pues en ese campo se ha comprendido que el programador posee niveles de eficiencia que no están atados necesariamente a los horarios tradicionales.

Esas diferencias entre cargos e ingresos están por doquier, desde personas que se han dedicado a la venta de productos en empresas multinivel, hasta consultores de maletín cuya función asesora parece vital a cualquier organización, lo interesante de estos casos en que ninguno de ellos se presenta como el CEO de su área, aun cuando sus ingresos superen o igualen a esa posición.

Entonces los títulos son un mito. Las personas no son más o menos importantes por los títulos de sus cargos, la raíz de la importancia no se encuentra en cómo se llame el cargo que se ocupa si no en el impacto que la operatividad o la estrategia del mismo imprima a la organización. Esto quiere decir que si una persona ocupa una posición que se denomine "Auxiliar Administrativo" pero sus funciones, productos y servicios generan una relación determinante en la

262

empresa, siendo su contraprestación del mismo tamaño de ese impacto, da igual que se llame así o que le digan Chief Executive Officer.

Cualquiera que haya estudiado Organización y Métodos o alguna manera de poner orden en las organizaciones podría contradecir lo antes señalado, pues ofrecer un nombre a cada cargo y ofrecerle un nivel de importancia a ese nombre es lo que permite a las empresas mantener el orden, la jerarquía y la motivación por escalar hacia posiciones más importantes. Y eso está bien. Está bien para empresas estructuradas e ideadas a la más pura usanza de la primera mitad del siglo XX. Pero las organizaciones contemporáneas no requieren de tales artilugios para mantener interesado al empleado, visto ahora más como un socio colaborador, a través de complicados y entremezclados nombres para generar status ficticios que se derrumban al compararse con otros beneficios y contra-prestaciones.

Las empresas contemporáneas observan al individuo bajo un concepto diferentes y por lo tanto valdrá más mientras más valor agregue, sin importan el nombre del cargo que ocupe.

Tal vez este complejo enlace de títulos y grados es el resultado de una tradición ancestral asociada a las monarquías y sus amplias subdivisiones, donde era necesario, e incluso vital, ostentar un título para ingresar a la nobleza y ser escuchado por el resto de la "gente importante", tal y como aún hoy en día se entiende que pueden hacer las personas una vez que han alcanzado una posición supervisora en cualquier empresa de corte tradicional.

Otro mito asociado a los títulos y cargos es la existencia misma de ellos como elementos indispensables para ser reconocidos como empresas, en el presente resulta utópico imaginar una organización sin cargos y estructuras jerárquicas, tal y como se expone en el Zeitgeist Gerencial, pues tradicionalmente esos son elementos de las sociedades mercantiles que son exigidos en la misma legislación, la cual por cierto ha sido plasmada por personas que poseen una concepción típica de la empresa.

Las personas deben enfocarse más al objeto del cargo que ocupan que a la denominación del cargo en sí, y tal vez este fue el éxito de los aduladores en las monarquías, pues aun cuando eran considerados

264

inferiores, sabían el nivel de influencia que tales posiciones tenía y su impacto en las decisiones del rey. Estas personas eran llamadas de muchas formas, e incluso gozaban de nombres despectivos o chistosos, pero tal era su fuerza que podían regir en la vida o en la muerte de una persona.

El concepto monárquico es entendido en las empresas bajo la visión del presidente, quien es el rey, y los vicepresidentes que vienen a ser los virreyes, los consejeros podrían igualarse a los accionistas y así sucesivamente, lo que demuestra que los títulos y cargos solo son un paradigma que se ha traducido de otras fuentes administrativas y cuya importancia e interés responde más a un patrón que se resiste a desaparecer que a una legítima razón administrativa.

24

Poligamia laboral

En pleno siglo XXI y después de tantas reflexiones, propuestas, foros y discusiones alrededor del mundo que destacan lo anacrónico de los paradigmas que aún rigen la vida laboral, buena parte de empresas y organizaciones siguen empeñadas en generar compromiso en su gente y en producir en ellos una especie fidelidad religiosa en cuanto a la visión, misión y valores de la empresa.

Aparentemente la mayoría no entiende que las personas no trabajan porque es lo que más desean hacer en la vida, ni están buscando formar parte de un clan o secta laboral: *Trabajan porque necesitan ganar dinero, mejorar su condición de vida, elevar su status y disminuir las limitaciones que existen en sociedades de consumo*. Cualquier cosa que se diga distinto a esto es simplemente utópica.

Claro está, sí existen personas que trabajan por amor al arte, filántropos de corazón y convicción, pero aún ellas deben enfrentar la necesidad de alimentarse, vestirse y poseer el mínimo de recursos y herramientas para llevar a cabo su función ante la sociedad, por lo que deben generar dinero o poseer alguien que lo haga por ellos. Así de simple.

Pero sea como sea, no se le puede pedir a las personas que se casen con una idea, un sueño ajeno, del cual son solo partes reemplazables pues, aunque se empeñen en negarlo, para nadie es un secreto que una de las decisiones que suelen estudiarse en momentos de crisis presupuestarias es el recorte de personal y que no importa cuánto haya dado una persona a la empresa, si existe algo que amerite su salida de la misma lo deberá hacer como si su esfuerzo careciera de valor. Entonces ¿cómo exigir algo basado en una ilusión?

En vez de empeñarse en inyectar en las venas de los colaboradores lo que creen que es la empresa, quienes la dirigen deberían preocuparse por saber cómo el talento y las habilidades de cada persona pueden ser útiles tanto para su visión como para la de ellos. Esto es lo que se espera y desea... ¿qué desea y espera usted? ¡Coestime!

En esta enredada realidad de sueños propios y ajenos, de la pretensión de seguir una corriente organizacional para poder mantener una posición que provea de recursos sociales y económicos existe una realidad que justamente enfrenta ese paradigma de exigir compromiso en las personas que laboran en la empresa partiendo de una fidelidad que no necesariamente existe, y es lo que he llamado la Poligamia Laboral.

En pocas palabras la Poligamia Laboral es el actuación múltiple y simultanea del ejercicio laboral en más de un escenario, en donde la (s) única (s) visión (es) y misión (es) que en realidad cuentan son las que posee el individuo.

Tal vez no todas las personas la practiquen, pero buena parte de los profesionales no sólo tienen un trabajo, pueden tener dos o más. Eso significa que debe manejar, interiorizar y modelar valores similares o distintos en cada uno de ellos y, por si fuera poco, demostrar con la misma efectividad y, siguiendo los mismos patrones exigidos por esos paradigmas

269

obsoletos, que está comprometido con la empresa una vez que ingresa a ella. ¿Es esto posible? Claro que lo es, pero no como lo teorizan quienes imaginan que el empleado debe estar comprometido con la empresa para lograr así que las metas se cumplan, por el contrario, ha de estar tan comprometido con sus expectativas que no le importa el esfuerzo y los retos que debe enfrentar para poder materializarlas.

Debe dejar de hacerse énfasis en el compromiso. El compromiso es personal, la identificación es colectiva. Debe dejarse de forzar a los empleados a memorizar y recitar la visión y la misión de la empresa cual si fuese una "cartilla". En vez de enfocarse en esas cosas la empresa debería orientarse a lo medular y ofrecer a sus colaboradores lo que éste necesita para no serle "infiel", para cubrir sus necesidades y construir lo que busca, lo que sueña, pues de lo contrario la empresa no solo estará construyendo un castillo de naipes, bajo la absurda creencia de que su gente está comprometida con ella, sino que sufrirá de manera constante y segura de alta rotación, fuga de cerebros y bajo rendimiento, pues no se puede exigir alto desempeño cuando se debe distribuir en tiempo en escenarios diversos.

Para el empleado la tenencia de varios empleos puede resultar cansado o interesante, exigente o lucrativo, entre otras tantas coincidencias o contradicciones, pero para la empresa solo significa una cosa: Esta no satisface las expectativas económicas y profesionales de quien lo practica por necesidad y no por hobby. ¿Cómo se puede estar comprometido con alguien o algo bajo esas condiciones? ¿Cómo se puede exigir que se identifique con una visión que, aparentemente, no lo incluye en realidad?

La Poligamia Laboral cada día es más común y podría ser una ventaja y a la vez una desventaja para el mercado laboral.

FÉLIX SOCORRO, PhD

25

Gerenciar en 2D

Antes que la iglesia aceptara la idea de que la Tierra es redonda, se consideraba una verdadera herejía tan solo insinuar que en verdad lo era. Claro está, en la actualidad se sabe que tampoco es redonda, pues eso le atribuiría una perfección geométrica que no posee, pero el hecho es que definitivamente no era plana como por mucho tiempo se pensó.

Pero la idea de contar con una figura llana y de bordes rectilíneos que determinaban los límites no era del todo descabellada, respondía a una lógica y a una interpretación prácticamente correcta de acuerdo al conocimiento que se poseía en la época o que se deseaba imponer, era simple: la tierra tenía que ser plana para distinguir al cielo (arriba), la humanidad (en el plano) y el infierno (abajo), pues de lo contrario al asumir otra forma estructural ¿cómo podía decirse en el Sur que el cielo quedaba arriba si estaba debajo del Norte? Era más cómodo pensar que la Tierra era plana y así poder ubicar más fácilmente lo que en la lógica imperante se consideraba correcto.

Lo mismo ocurre con la Gerencia.

La Gerencia observa su gestión como los clérigos y científicos de la edad media observaban a la Tierra: solo en dos dimensiones (2D). En ella los juicios de valor solo tienen dos variables dominantes y una breve gama de distorsiones que las acercan o las alejan de los conceptos generalmente aceptados. Cómo en un plano cartesiano, donde los números poseen valores positivos o negativos, las cosas son buenas (excelentes, maravillosas, extraordinarias) o malas (pésimas, pobres, de baja calidad), se tiene éxito o se tiene fracaso, pues no suele pensarse en la posibilidad de contar con un medio-éxito o en un medio-fracaso; se es el líder del mercado o se es seguidor del líder, y esto sólo por citar unos cuantos ejemplos.

El ejercicio, la visión, la medición y la evaluación de la actividad empresarial, incluso su concep-tualización e imagen, están saturadas de un extremo dualismo extremo en todas sus expresiones.

Ahora bien, en un mundo donde las expresiones unidimensionales y bidimensionales han sido consideradas como básicas, siendo las estructuras tridimensionales las que han hecho posible las grandes diferencias en el aspecto social y cultural de los pueblos, pues sin ellas las edificaciones, el transporte, el arte y otras tantas manifestaciones, no serían ni la mitad de lo que son ahora, como puede apreciarse en las inmortales expresiones humanas surgidas del avance en el concepto de la geometría y en la complejidad del pensamiento matemático y físico alcanzado a muy temprana edad luego que los sumerios inventaran el cálculo, resulta curioso que la ciencia que se encarga de manejar los recursos y propiciar el avance evolutivo del pensamiento, la acción y el resultado, como lo es la ciencia administrativa, responda a un paradigma tan limitado y plano.

Tal vez la concepción bidimensional de la Gerencia responde más a la manera en que el hombre concibió los fenómenos sobrehumanos que rigen la Tierra, observando las manifestaciones naturales desde dos puntos de vista: día y noche, arriba y abajo, mojado o seco, frío o caliente, crecidas o sequía, extremos que generaron los conceptos del bien y el mal, de lo bueno o malo.

Pero esa idea pudo haber tenido sentido en culturas donde tales fenómenos no tenían respuesta y el mundo subatómico era prácticamente desconocido, por lo que las bases para imaginar una Gerencia de dos extremos perdió su validez desde el mismo instante en que el hombre comenzó a alimentar su curiosidad por el saber y descifró una buena cantidad de misterios.

Hoy sabemos que la tierra no es plana, que el día y la noche no son más que la consecuencia de la rotación del planeta, que una misma materia puede poseer hasta cuatro estados (líquido, sólido, gaseoso y plasma) que el frío es consecuencia de la ausencia de excitación de los componentes moleculares de un compuesto, que la unidad más pequeña conocida hasta ahora es el quark y que las leyes físicas no actúan de la misma manera en diferentes escenarios. Hoy sabemos que las cosas no son unidimensionales o bidimensionales, incluso que tampoco son tridimensionales, son multidimensionales, que es el observador quien las

276

limita y enmarca, y sin embargo, ante tanto florecimiento y diversidad del conocimiento existe una marcada tendencia a dirigir en 2D.

Una vez comprendida la autolimitación existente en cuanto a la visión de la Gerencia que impera en el presente, es completamente lógico preguntarse cómo ha de ser una Gestión en 3D o MD, lamentablemente no es posible explicar tales expresiones de avanzada en tan corto resumen, sin embargo se puede recurrir al siguiente artilugio para facilitar su contextualización e inspirar su interés por desarrollarlo y practicarlo.

Cuando el hombre observó al Sol y la Luna y los representó pictóricamente no dio signos de análisis o muestras de un pensamiento complejo, pues se limitó a repetir lo que a simple vista era obvio: un círculo. Cuando dibujó el cuadrado y otras formas no comunes en la naturaleza, mostró su capacidad de creación e innovación, pero fue cuando se percató de que tales expresiones solo representaban una de las caras de lo que realmente eran que trascendió y produjo maravillas, se abrió a un mundo desconocido, imposible de pensar hasta entonces que marcó todo el avance tecnológico y social que ahora poseemos. ¿Se imagina si esto se hiciera también al dirigir?

Por supuesto que este planteamiento generará dudas y preguntas: ¿cómo puede integrarse el concepto 3D o MD a la Gerencia? ¿Qué elementos no se han considerado hasta el presente? O, simplemente, ¡es una idea absurda!

Cabe recordar que semejantes expresiones y preguntas surgieron en la mente de personas inteligentes y sabias cuando se planteó la tesis de la redondez de la Tierra ¡y cuán equivocados estaban! Pues bien, la Gerencia, tal y como se entiende en la actualidad es solo una cara de todo cuanto en verdad puede ser, lo que ocurre –y citando a Antoine Saint-Exupéry–, es que "lo esencial es invisible a los ojos" y se está tan segado con el paradigma que la envuelve que resulta un verdadero reto imaginarla distinto a como hoy se concibe.

26 | Toda empresa tiene lo que merece

Se atribuye a los griegos la conocida frase "los pueblos tienen los gobiernos que se merecen", expresión que deposita en la gente la responsabilidad de elegir a sus gobernantes, y eso es cierto.

Tan sabias palabras pueden ser extrapoladas casi sin alteraciones al campo laboral, afirmando, entonces, que "las empresas tienen los empleados que merecen" ¿Una Utopía?

Cuando se ha tenido la oportunidad de observar el comportamiento humano en diferentes tipos de empresas, o cuando se ha podido intercambiar conocimiento con personas que lo han hecho, es factible concluir que "las empresas tienen a los empleados que merecen".

En organizaciones donde la valoración de la gente, el respeto, el reconocimiento, la innovación y el sentido de pertenencia son valores inalterables y completamente modelados desde los niveles más altos hasta los más básicos, los empleados se muestran tan identificados con las políticas y con la cultura organizacional que suelen referirse a ellas en todo momento, haciendo símiles con las situaciones laborales que experimentan y cualquier otra que ocurra en su campo personal o profesional. Son personas activas, dinámicas y emprendedoras que agregan valor a su trabajo y ponen siempre al frente todo aquello que vaya en beneficio de la organización, pues saben que al hacerlo el beneficio será general.

En ese tipo de empresas existe un clima laboral que propicia la calidad en los servicios y en los productos que se elaboren en ellas, los empleados están siempre dispuestos a dar más y, aun cuando obviamente nada es perfecto, predomina una conducta responsable y orientada al logro que minimiza la presencia de errores en los procesos o las quejas por deficiencias en los servicios.

¿Cómo se puede sentir incomodidad donde el personal es considerado el principal cliente?

Pero no siempre es así, en otras organizaciones donde las políticas del personal son escasas o inventadas al momento en que se requiere señalar una falta o prescindir de una persona sin justa causa, donde los empleados son vistos con cierta distancia y se les califica de diversas maneras para minimizar su importancia o su calidad, donde se desprecian sus grados académicos, experiencia, conocimientos y destrezas, así como se obvian sus necesidades y expectativas, reduciendo al mínimo los beneficios que puedan otorgárseles o, sencillamente, se presentan como dádivas producto de decisiones tomadas por los miembros de la directiva como una muestra de su benevolencia hacia los más necesitados, firmas donde el ambiente físico esta descuidado y se labora en situaciones precarias…¿qué puede esperarse de su gente?

Como es lógico imaginar las personas que laboran en esas empresas lo hacen más por necesidad que por una genuina identificación con ellas, se sienten incómodos con sus empleos y tienden a evitar hacer referencias a los mismos, pero tampoco son

281

individuos orientados a generar mejoras ni a introducir cambios, quienes tenían esa característica probablemente duraran muy poco en sus puestos de trabajo y dejaron la responsabilidad de manejar esos procesos repetitivos y monótonos a personas sin aspiraciones, desmotivadas y conformistas. Y esto tiene sentido, es obvio suponer que ante escenarios deprimidos y hostiles difícilmente los individuos emprendedores y con altas expectativas de crecimiento y desarrollo puedan permanecer en ellos.

Por lo tanto ¿las empresas tienen a los empleados que se merecen? La respuesta es sí.

Las organizaciones contratan de acuerdo a su capacidad de compensar el trabajo y a la cantidad y calidad de sus beneficios; quienes ofrecen más son altamente exigentes en el perfil de quienes laboran en ellas, procuran contratar a los mejores perfiles pero están completamente conscientes de la relación precio-valor que ello significa y que, una vez captado, no solo habrán de mantener un ambiente de constante reto, sino que las condiciones deberán estar lo suficientemente favorables para poder garantizar la permanencia del talento. Ahora bien, quienes saben que no pueden ofrecer mucho o no quieren hacerlo han de conformarse con "las oportunidades" que le ofrezca el mercado, individuos cuyo perfil profesional no necesariamente se ajusta a los altos estándares o que por razones económicas, de estabilidad laboral o necesidades personales estarían dispuestos a trabajar en condiciones de escasa valoración, poca compensación u orientadas a evitar el crecimiento personal o profesional.

Esas empresas suelen captar también buenos perfiles en momentos donde la situación laboral presenta porcentajes altos de desempleo y el talento las observa como una opción para sortear la ausencia de mejores ofertas, pero en la mayoría de los casos terminan contratando a personas que se dedicaran a realizar estrictamente la labor por la que fueron contratadas e incluso a buscar la manera de no hacerlo, empleados que estarán constantemente quejándose del maltrato y las carencias que presenta la organización y que realizarán todos los esfuerzos necesarios para crear un sindicato o pertenecer al ya existente, esto con la intensión de garantizar ingresos y la ansiada estabilidad laboral, entendida esta última como la permanencia casi ilimitada en el puesto de trabajo.

No cabe duda, no se puede tener calidad si no se ofrece calidad, no se pueden poseer empleados identificados si no se les ofrecen elementos que así lo permitan y, por lo tanto, las empresas son responsables del comportamiento, la orientación y la responsabilidad que muestren sus empleados.

Aunque en todo momento se ha hecho referencia a las empresas y organizaciones en el antiguo concepto que las caracterizaba, observándolas como ajenas a su personal, cabe destacar que al hablar de ellas en realidad se pretende identificar a quienes las dirigen y ostentan el poder de decisión, pues en ellos recae la mayor parte de la responsabilidad del trato y la valoración que se ofrezca al personal que las conforman.

No es extraño escuchar de empresas que se quejan de la gente que labora en ellas, descalificando su calidad y capacidad de respuesta, a diferencia de otras donde se destaca el valor que el personal les imprime. Ello ha de conducir a una profunda reflexión, a un examen de conciencia organizacional, en donde una de las conclusiones a las que se llegará, tarde o temprano, es que no se puede exigir lo que no se da.

27 | Mal servicio

Definitivamente la cultura del servicio es algo de lo que mucho se habla pero que muy pocas veces se pone en práctica, y no es que no exista interés por quienes saben que sólo a través de un buen servicio se conseguirá que el cliente no sólo vuelva a comprar un producto o hacer uso de un servicio sino que atraerá a nuevos clientes que finalmente engrosarán la cadena de valor que hará posible la permanencia en el tiempo del negocio y la obtención de ganancias.

Pero algo tan simple como pensar que hay que tratar bien al cliente parece ser tan difícil que pareciera que en vez de contratar aliados se han ingresado a las filas de la empresa "agentes dobles" que pretenden ahuyentar con su mal trato a quienes son la verdadera razón de ser de la empresa.

Empresas de Televisión por suscripción que ante una queja señalan que no es su responsabilidad sino la de la "contratista". Servicios de teléfono que tardan largos periodos de tiempo buscando una información básica. Restaurantes donde prácticamente hay que rezar para ser atendido la primera vez y suplicar para que sirvan la orden. Bancos que se jactan de estar interesados en satisfacer las expectativas de los clientes y que cuando se requieren de sus servicios hay que tener a la mano una radiografía del alma para que, al menos, escuchen la solicitud. Empresas de servicio técnico que ni reparan lo que está dañado y terminan por dañar lo poco que servía. Universidades que desatiendes y desoyen a las personas que están dispuestas a pagar sus altos aranceles por pertenecer a ellas... y la lista continua. Una lista donde es el cliente quien clama por ser bien atendido en el lugar que debería estar agradecido de poseer clientes interesados en lo que ofrecen.

Sí, en el campo del servicio al cliente es el conejo quien corre detrás del cazador.

¿Cuándo se darán cuenta que sin clientes no hay empresa? Y si no hay empresa no hay ni sueldos ni beneficios y bonos al final del año. Simplemente no hay nada. El cliente es la razón de ser de toda empresa y si no se atiende bien, si no se le valora, entonces esa firma no tiene por qué existir.

Deberían ser las empresas –y no los clientes–, las que deberían rogar porque la gente se interese en lo que ellas ofrecen. Deberían ser las empresas las que se preocupen en realidad por satisfacer las demandas de manera amplia y suficiente so pena de perder la única fuente de ingreso segura que tienen: sus clientes.

No puede ser que sea la presa quien clame por ser cazada, eso va en contra de la naturaleza de las cosas ¿es que acaso no se han percatado de que existen competidores? La única justificación que puede otorgársele a las compañías que parecen despreciar a sus clientes es la del monopolio, pues al no existir competencia las personas no tienen más alternativas que acudir al único proveedor que existe.

Pero la historia está llena de ejemplos que demuestran que ese poder que da el monopolio termina tan pronto como aparecen opciones distintas... ahí comienzan las lamentaciones: "Si hubiésemos hecho" "Si hubiésemos pensado" "Si hubiésemos atendido" ... luego los planes post-morten, ideas desesperadas por recuperar lo que antes le pertenecía y que a la fuerza lo sometían a su voluntad. Es aquí cuando comienzas las promociones, regalías y toda clase de artilugios para encantar cual serpiente al cliente perdido... y, por último, vienen las culpas, los juicios y sentencias, donde usualmente son los menos culpables los que terminan pagando los platos rotos.

Pero el cliente también tiene culpa de que existan empresas donde exista esa distorsión procedimental. Mientras sigan comprando o haciendo uso del servicio nada ni nadie los convencerá de que deben mejorar el servicio al cliente, pues mientras los hay el ingreso y la estabilidad económica está garantizada.

¿Quiere dejar de correr detrás del cazador? ¡Pues hágalo! Pues únicamente cuando él se encuentre solo es que se verá en la necesidad de revisar su estrategia y dedicar más tiempo a invertir en la calidad de su producto o servicio.

No es descortés exigir calidad, y es sencillo explicar por qué: Cuando una empresa ofrece un producto o servicio establece el precio del mismo, la duración y las condiciones. Muy bien. Si se ha pagado lo exigido se debe recibir lo que se ha comprado, nunca menos, pues no se ha dado menos por ello. Así de simple.

Recuerde, las empresas existen en la medida que posean clientes, sin clientes no hay empresa. Usted tiene el poder. Aprenda a usarlo.

FÉLIX SOCORRO, PhD

28 | ¿Salario Emocional?

El siglo XXI se ha destacado por la aparición de varias tendencias, desde los Gestores de Felicidad o *Gefes*, pasando por dar más importancia a las habilidades blandas que a los conocimientos y experiencias complejas, la inclusión, el teletrabajo, la reinvención y, finalmente, el llamado *salario emocional*.

Lo anterior no cubre en su totalidad las tendencias presentes en la gestión humana y la administración, pero da luces sobre los esfuerzos que se han llevado a cabo para ayudar a impulsar y a evolucionar en ese campo tan completo donde interactúa la empresa y el talento humano.

Para quienes están inmersos en la administración de personal, escuchar hablar del salario emocional no les es ajeno, es una tendencia que ha dado mucho de qué hablar y ha sumado muchos adeptos desde que comenzó a implementarse en las empresas.

Para quienes no están familiarizados con el concepto, el salario emocional es una especie de compensación o retribución no económica que persigue incrementar la calidad de vida de los empleados, especialmente en aspectos personales, familiares y sociales, así como en actividades relacionados con su capacitación y aprendizaje.

Si bien la idea es plausible, desde el punto de vista conceptual y práctico, presenta algunas imprecisiones que no coinciden con lo que se desea expresar.

Veamos.

Primero debemos estudiar los conceptos asociados a la tendencia y luego la manera en que se explica.

La palabra salario proviene del latín *salarium*, esta a su vez está asociada con la palabra *sal*, debido a que, en el pasado, se llegó a usar la sal como dinero y se pagaba con ella.

Ahora bien, de acuerdo a la RAE, la palabra salario significa, literalmente, *pago o remuneración regular*, por lo tanto, es algo que no varía, que se mantiene en el tiempo.

En cuanto a la palabra emocional, se entiende, de inmediato, que está relacionada con las emociones y, por ende con la palabra emoción.

De acuerdo a la RAE, una emoción es una *alteración del ánimo intensa y pasajera, agradable o penosa, que va acompañada de cierta conmoción somática.*

Con base en lo anterior, puede decirse que el salario emocional, técnicamente, se refiere a una remuneración constante, orientada a alterar el ánimo —de quien la recibe—, de forma intensa y pasajera.

El planteamiento anterior ha dejado por fuera dos datos fundamentales, y es que esa remuneración puede ser agradable o penosa para quien la experimenta.

Ahora bien, el concepto del salario emocional hace alusión a las palabras compensación y retribución.

Compensar, de acuerdo a la RAE tiene varias acepciones, las dos primeras indican que se refiere a *igualar en opuesto sentido el efecto de una cosa con el de otra*, o bien, *dar algo o hacer un beneficio a alguien en resarcimiento del daño, perjuicio o disgusto que se ha causado.*

Por su parte, retribución, la RAE explica que se entiende como recompensar un servicio o favor, etc., así como corresponder al favor o al obsequio que alguien recibe,

Por lo tanto, si se analiza de manera literal lo que se desea expresar con el término salario emocional, nos encontramos, además de lo ya expuesto, que se pretende con él resarcir un daño, tal vez asociado con el tiempo que la persona invierte en la empresa y deja de dedicar para sí, o bien, a sus familiares o amigos o que, de alguna manera persigue pagar el favor que se le hace a la empresa por ello.

Como puede notarse, al estudiar cada una de las partes que compone el salario emocional, no se ve tan esperanzador y significativo como suele explicarse al momento de ser implementado en las organizaciones.

Cabe preguntar ¿es eso lo que en realidad se está transmitiendo a los empleados? ¿se está resarciendo un daño con el salario emocional o pagando un favor?

296

Profundizando en el concepto

Tal vez, años atrás, cuando el trabajo era considerado una obligación, hablar de resarcir un daño, con algún beneficio, tenía sentido.

En el pasado las jornadas de trabajo eran agotadoras, la supervisión era férrea e inflexible, el salario no siempre estaba relacionado con el esfuerzo y las condiciones de trabajo, así como el ambiente en el que se llevaba a cabo, no siempre era el más idóneo.

Algunas personas se distanciaban de sus hogares por días e incluso semanas. Estudiar y trabajar al mismo tiempo era muy complicado y, para colmo, el buen desempeño no siempre era reconocido.

En el pasado era más lo que se les quitaba a las personas de lo que se les proveía, más allá de contar con un sueldo y considerarse empleado.

Pero la realidad ha cambiado drásticamente, las leyes laborales impiden los trabajos excesivos con jornadas interminables, independientemente de la existencia de empresas que no cumplen con ello. La tecnología ha facilitado muchas cosas, ahora, en lugar de realizar viajes de muchas horas para entrevistar a un potencial cliente o realizar una junta de negocios, basta con conectarse desde un teléfono inteligente y realizar una video conferencia.

Las exigencias son otras, porque tanto el mercado como los clientes se comportan hoy de manera muy distinta a como lo hacía hace cincuenta años atrás, por lo que las condiciones laborales, e incluso, organizacionales, han tenido que adaptarse a esa realidad para garantizar su permanencia en el mercado y, de ser el caso, su liderazgo.

Ahora bien, con base en ello, puede decirse que lo que se pregona como salario emocional es, en realidad, un conjunto de condiciones mínimas que la empresa debe ofrecer a los empleados acorde con los tiempos en lo que se vive.

Analicemos algunas de las cosas que se consideran parte del salario emocional para ampliar la anterior información.

Horarios flexibles

Salvo que las condiciones específicas del trabajo lo impidan, la flexibilidad de horario no es un favor que las empresas hacen a sus empleados, forma parte de la realidad que el mercado exige y que resulta ineludible para casi todas.

Si bien es cierto que, en el pasado, cumplir un horario de ocho a seis de la tarde, por señalar un ejemplo, era un requisito de obligatorio cumplimiento, ya que se creía que era la única forma de garantizar que las personas hicieran el trabajo bajo los más estrictos estándares de la empresa; no es menos cierto que en la actualidad se ha demostrado que esa premisa era falsa.

Con la llegada de la pandemia del COVID-19, muchas empresas tuvieron que seguir operando sin que sus empleados salieran de sus casas, la mayoría de ellas se vieron en la obligación de contar con la disposición y el compromiso de sus colaboradores para completar los procesos desde sus hogares que, en condiciones normales, llevarían a cabo en las instalaciones de la compañía. ¿El resultado? La mayoría de las organizaciones pudieron continuar operando sin dificultad.

Como es de suponer, no necesariamente todos los empleados se mantuvieron frente a sus compu- tadores, por ejemplo, desde las ocho de la mañana y hasta las seis de la tarde, como trabajaban desde casa, ajustaron sus horarios, de manera independiente, para responder a la empresa y, a la vez, realizar alguna otra labor doméstica, de esparcimiento o recreación, sin afectar la calidad de los resultados esperados.

Lo anterior deja en evidencia que la flexibilidad de los horarios no puede formar parte del salario, es una característica propia de la época, de la evolución del pensamiento administrativo, se está dejando atrás el concepto militar y eclesiástico de la estructura de mando, para dar paso a una relación de beneficio mutuo entre una parte que emplea y otra que está dispuesta a ser empleada.

Ofrecer horarios flexibles como un beneficio salarial equivale, en pleno siglo XXI, equivale a ofrecer aire para que el empleado pueda respirar.

Los horarios flexibles no son dádivas ni favores que la empresa otorga a sus empleados en su condición magnánima y misericordiosa, por el contrario, son el resultado de comprender que no es necesario que el colaborador esté sentado en su puesto de trabajo por horas para que cumpla con su labor.

Teletrabajo

Otro de los elementos que se consideran parte del salario emocional está presente en la opción de compartir las labores en dos grandes bloques, uno corresponde a la esquema tradicional o presencial y el otro está representado por el teletrabajo, o bien, un esquema virtual.

El problema con esta forma de salario emocional es que no representa, en realidad, ninguna compensación, simplemente traslada la responsabilidad de realizar la labor más allá de las fronteras de la empresa y, al señalarse como un beneficio, se obvia que, en la actualidad, es significativo lo que se puede hacer de manera remota.

Si bien es cierto que la idea no es del todo incorrecta, ya que supone que el empleado no tiene que estar todo el tiempo en las instalaciones de la empresa para poder cumplir con sus obligaciones; no es menos cierto que, cuando se trabaja de forma remota, se suele superar el número de horas laborales permitidas por la ley.

Por supuesto que trabajar de manera remota puede resultar más cómodo que de forma presencial.

Pero lo anterior aplica si y solo si se evalúa por resultados y no por desempeño.

Si se le asigna una labor a un empleado, la cual puede ser hecha de manera remota, no es necesario establecer un constante seguimiento y valorar la manera y la cantidad de veces que se comunica con el equipo u otras dependencias de la empresa, en todo caso, lo que importa es que el resultado cumpla con lo esperado en tiempo, calidad y contenido.

Así mismo, no tiene sentido teletrabajar si, al hacerlo, se debe cumplir con los horarios administrativos de la empresa.

Lo anterior responde al hecho de que, algunas organizaciones, copan a los teletrabajadores de complejas agendas de reuniones virtuales para comentar los avances del proyecto, dar instrucciones, compartir con el equipo, comentar noticias y novedades, y cuanto se les ocurra para con ello garantizar de que el empleado está en línea en todo momento y cuando se le solicite.

¿Qué sentido tiene trabajar de manera remota si debe estar dando muestras constantes de estar ahí?

El teletrabajo, el trabajo remoto o virtual, no puede ser considerado un beneficio per se, forma parte de la realidad contemporánea y, tal y como ya se señaló, la llegada del COVID-19 demostró que no es necesario estar ocho horas, o más, en las instalaciones de la empresa, para que el trabajo se haga a tiempo y con calidad.

Visto desde otra perspectiva, el trabajo remoto beneficia más a las empresas que a los empleados, debido a que con él:

- **Ahorran en electricidad**: menos personas conectadas, menor consumo eléctrico.
- **Ahorran en consumo de agua:** menos personas usan las instalaciones, consumen el líquido o lo demandan.
- **Ahorran en limpieza:** menos personas transitan por las instalaciones, menor producción de desperdicios y basura.
- **Mejor uso de internet:** menos personas conectadas en la empresa permiten contar con un mejor desempeño del servicio.
- **Ahorro en insumos:** menos personas, menor uso de periféricos e insumos.

Esos gastos se trasladan al empleado, quien debe hacer un uso mayor tanto de los equipos que posee para conectarse de manera remota, como del servicio de internet, electricidad y agua, sólo por citar alguno de los gastos.

Salvo que la empresa cubra todos esos gastos, el teletrabajo resulta más costoso para el empleado que trasladarse a la empresa y realizarlo en sus instalaciones.

De ser así, ¿cómo puede considerarse parte del salario si, en lugar de sumar a los ingresos, los afecta negativamente?

Oportunidades de crecimiento

Si bien es cierto que los horarios flexibles y el teletrabajo son el resultado de los cambios que ha sufrido la sociedad, quien los ha ido incorporando como parte de su evolución y desarrollo; no es menos cierto que hablar de contar con oportunidades de crecimiento, como parte del salario emocional, parece un chiste de mal gusto y una ofensa a la inteligencia de quien recibe la noticia al ingresar como empleado en una empresa.

Contar con oportunidades de crecimiento no es, no ha sido ni debe ser considerado parte de ningún tipo de salario.

A menos que se esté hablando de micro o pequeñas empresas, donde el número de cargos es extremadamente reducido, crecer en una empresa forma parte del desarrollo organizacional natural y lógico, resulta muy difícil imaginar que una persona contratada para un cargo base, independientemente de cual sea, se proponga como meta no crecer en esa organización y permanecer en esa puesto hasta que ya no pueda realizarlo.

Contar con oportunidades de crecimiento no debe ser visto una promesa ni un beneficio, en su lugar, crecer en una empresa debe formar parte de los retos laborales que la compongan, destinados a mantener motivado al empleado y permitir que sus esfuerzos sean recompensados.

Salvo casos muy particulares, crecer en una empresa debe ser siempre una opción posible y alcanzable.

Al darle la oportunidad de crecer no se le está resarciendo de daño alguno al empleado, por el contrario, no se le está causando daño, el daño que produciría encadenarlo a una posición durante toda su vida laboral.

Crecer en una empresa, como ya se dijo, no es un beneficio ni debe formar parte del salario, debe ser visto, entre otras cosas, como el compromiso que tiene la empresa con sus colaboradores, especialmente cuando se trata de valorar su esfuerzo y el valor agregado.

Equilibrio laboral y socio-familiar

Tal y como ya se comentó, en el pasado, equilibrar la vida laboral con la social y la familiar resultada difícil y agotador.

Las personas partían de un razonamiento simple: sin trabajo no hay dinero, sin dinero no se puede mantener a la familia ni disfrutar de la vida social, por lo tanto, trabajar tiene la prioridad frente a las otras cosas.

Y tal vez hasta poco más de la mitad del siglo XX fue así.

Pero en la actualidad, la realidad es otra, cada vez con menos las personas que consideran el trabajo por encima de la familia, su paz y tranquilidad y sus sueños.

Es simple, si un trabajo consume todo el tiempo disponible del día ¿para qué continuar en él?

Esa falta de sacrificio y abnegación que se le critica a los *milennials* porque simplemente abandonan un empleo en donde no se sienten cómodos, no es algo únicamente que corresponda a esa generación.

Cada vez más las personas esperan contar con más tiempo para compartir con sus familiares y disfrutar de ambientes sociales, persiguen disfrutar de la vida sin que ello signifique que no valoran sus empleos.

Se estima que en 2017, Alemania fue el país donde menos horas se dedicaron al trabajo, y, a pesar de ello, es una de las economías más sólidas de Europa.

Por lo tanto, trabajar menos horas y dedicar las restantes a compartir con la familia, la sociedad o consigo mismo, no es un regalo, no es un beneficio, no es una contraprestación; es una tendencia, es hacia donde van y deben ir las empresas.

Una persona que se siente feliz trabaja mejor, es más creativa y productiva, por lo tanto, quien resulta más beneficiada al permitir que sus empleados trabajen menos y disfruten más, es la empresa.

Desarrollo y capacitación

Facilitar el desarrollo y la capacitación de los empleados no debe ser considerado tampoco un beneficio para ellos, en realidad, y como se señaló en el caso anterior, hacerlo beneficia de manera directa a la empresa, por lo que tampoco puede ser considerado un salario.

Veamos, así como la empresa invierte en publicidad para mantenerse en la mente del consumidor, así como invierte en tecnología y software para mantenerse actualizada y, finalmente, así como invierte en instalaciones y equipos, está en la obligación de invertir en su gente.

Es simple, la gente es la empresa, y si no se invierte en las personas, en los empleados, se está dejando de invertir en la empresa.

Este elemento en particular debe ser estudiados desde dos ángulos, debido a que la acción de la empresa puede ser interpretada, por sus empleados, como el objetivo de ayudarlos a ser mejores profesionales o mejorar su desempeño en el trabajo.

- **Ayudarlo a ser mejores profesionales**

Si se trata de ser mejores profesionales, independientemente de lo que estudien, esté o no relacionado con las actividades de la empresa sí puede ser considerado una especie de contraprestación o salario.

Si la empresa ayuda a sus empleados en los costos relacionados con sus carreras, flexibilizando sus horarios para que puedan continuar y completar sus estudios y en la adquisición de contenido, literatura, herramientas y dispositivos para ello, no cabe duda que está agregando valor a su personal y buscando la manera de impulsar su crecimiento y desarrollo.

Obviamente, para que realmente sea un beneficio filantrópico, la empresa no podría beneficiar sólo a aquellos empleados que cursen estudios relacionados con la labor que realizan en ella, tendría que hacerlo sin distinguir entre las ramas del saber y el arte que sus empleados escojan.

De ser así, impulsaría con ello un fuerte lazo emocional entre los empleados y la empresa, generando y fortaleciendo la identificación que debe existir entre la organización y sus colaboradores.

- **Mejorar su desempeño en el trabajo**

Cuando la razón por la que la empresa realiza capacitaciones constantes, o bien, destina recursos subvencionar gastos relacionados con los estudios de sus empleados; está íntimamente relacionada con la operación, la lectura que realizan los empleados es otra y, en la mayoría de los casos, no es considerada como un beneficio per se.

Algunas organizaciones saturan a sus empleados con cursos y capacitaciones constantes que interfieren con sus labores y la planificación de las mismas.

En esos casos, el aprendizaje se convierte en una tortura y se sabe que la empresa no pretende que el empleado se convierta en un experto, por el contrario, lo que se busca evitar es que se equivoque y, con ello, garantizar la calidad y continuidad de la operación.

Los cursos son elegidos, asignados y programados por la empresa, el empleado poco o nada tiene que ver en ello, más allá de comprometerse a asistir a ellos y completar las horas que representa.

Si bien es cierto que el empleado termina manejando tanto la teoría como la práctica de una labor en particular, no es menos cierto que es la empresa quien resulta más beneficiada con ello.

En estos casos, no faltan muestras de agradecimiento, pero tampoco escasean los deseos de poder cursar estudios sobre otros temas que resultan más del interés del empleado que de la empresa.

Cuando la idea es mejorar el desempeño del trabajador, es muy común que se les nieguen espacios para participar en cursos distintos a los que la empresa ha programado, lo que termina por generar disgusto, desaprobación y malestar por parte de los empleados.

Días libres

Uno de los elementos que menor impacto posee en el imaginario del salario emocional corresponde al otorgamiento de días libres a los empleados.

Algunas empresas suponen que obsequiar media jornada o la jornada completa en fechas asociadas a cumpleaños o aniversarios de cualquier otra índole es un beneficio plausible o bien, parte del salario.

En este punto se hace necesario, nuevamente, recordar que los tiempos han cambiado y que la realidad no es la misma que se experimentaba medio siglo atrás.

Si la idea del salario emocional es permitir que el empleado pueda equilibrar su vida laboral con la social y familiar, resulta redundante hablar del otorgamiento de días libres, pues ¿de qué otra manera puede compartir con sus familiares y amigos? ¿en el trabajo?

Adicionalmente, si dos de los componentes del salario emocional son el teletrabajo y los horarios flexibles ¿qué diferencia agrega hablar de días libres?

Podría tratarse, en un supuesto, de empresas que trabajan de lunes a lunes y que, como un obsequio, permiten que sus empleados puedan faltar de vez en cuando a su faena. Muy bien, y ¿qué pasa en las empresas que trabajan sólo cinco días a la semana?

Se sabe que, algunas empresas poseen un cronograma de los días libres que podrán disfrutar sus empleados como parte del programa del salario emocional, además que algunos colaboradores

312

intercambian los días porque la programación no les favorece.

Aunque ofrecer ciertos días libres, durante un año, puede parecer atractivo al momento de la contratación, en la práctica son las circunstancias las que determinan cuándo, cuántos y quienes necesitan de esos días una vez que se está ejerciendo el trabajo.

Si este beneficio se hubiese otorgado en los años 50 del siglo XX, sin duda habría sido revolucionario. En esa época faltar al trabajo era considerado un acto grave e irresponsable, así como lo era no completar la jornada completa.

Pero, si se ha comprendido la realidad de los tiempos en que viven las empresas contemporáneas, hablar de días libres parece ser anacrónico e innecesario.

Los empleados de hoy no necesitan estar en la empresa para cumplir con su trabajo, obviamente hay excepciones, por lo que si la empresa evalúa por resultados, tiene horarios flexibles y, además, impulsa el teletrabajo ¿para qué invertir tiempo en determinar si la persona se tomó o no el día? Eso, definitivamente, no tendría sentido.

¿Adiós al salario emocional?

No puede negarse que la idea del salario emocional, como concepto, es interesante, aun después de haber analizado y destacado los elementos que lo componen como se ha hecho.

Independientemente de que no es un salario per se y tampoco resarce o compensa, es valioso que las empresas se preocupen por impulsar varios de los elementos que lo componen, facilitando así su consolidación como tendencias y, por lo tanto, que dejen de ser vistos como dádivas o muestras de magnificencia por parte de las organizaciones.

No obstante, se hace necesario buscar formas de agregar valor a los empleados realmente, prácticas administrativas que fortalezcan en ellos su identificación con la empresa y los impulsen a destacar en su desempeño profesional, generando un beneficio individual con impacto colectivo.

Para ello no se puede hablar de una campaña, una herramienta o un concepto, sino de una práctica administrativa que no ofrezca algo de lo que, por lógica, el empleado debe gozar, sino aquello que no encontraría en ninguna otra parte.

29 | Moda y gerencia

En la década de los años 90, del siglo XX, una moda gerencial surgió con tal fuerza y empuje que prácticamente nadie podía decir que no había escuchado jamás hablar del tema. La moda en cuestión no fue otra que *la reingeniería*.

Al principio se habló de la reingeniería de procesos, luego de la reingeniería de negocios, posteriormente de la reingeniería de procesos de negocios, para luego introducir la reingeniería de la gerencia, de la empresa, pasando por la reingeniería mental y el rediseño del pensamiento, hasta llegar a la reingeniería del pensamiento.

La reingeniería se convirtió en temas de seminarios, revistas, charlas y hasta se introdujo en algunas clases universitarias, todo ello con la intensión de motivar a las personas a pensar fuera de la caja.

Lo mismo ya había ocurrido con la Calidad Total, el Justo a Tiempo y otras tendencias en los años 80 del siglo XX, pero a diferencia de ellas, la reingeniería no llegó para quedarse.

Tal vez, el principal problema que enfrentó la reingeniería fue su conceptualización y orientación.

Los años 80 del siglo XX abrieron el camino al uso cotidiano de la tecnología, la cual se había consolidado en los años 90.

Ante el auge de computadoras, lectoras de barras, cajas automatizadas para registrar operaciones, internet y las aplicaciones en el campo de los negocios que ofrecía, se entendió —en muchos de los casos— por reingeniar el negocio cosas como reducir al personal e incorporar más tecnología en la operación.

Los resultados no fueron los esperados.

La tecnología en esa época prometía más de lo que podía hacer, la dependencia en técnicos especializados era costosa y la adquisición de software y hardware exigía inversiones significativas.

El resultado: algunas empresas quebraron y otras vieron significativamente afectada su rentabilidad debido a que no aplicaron correctamente la reingeniería. Hoy, a décadas del auge de esa moda, todavía nos preguntamos cuál era la manera correcta de aplicar la herramienta.

Casi 20 años después, la reingeniería reaparece en la mente de administradores y empresarios, emprendedores y comerciantes bajo otro nombre, la idea es la misma pero su denominación no, ahora todos le llaman *reinventarse*.

El problema es que para reinventar algo hay que idearlo de nuevo, o sea, reingeniarlo.

La reinvención supone un tipo de innovación, al igual que su antecesor, haciendo uso de las tecnologías existentes y aprovechándolas al máximo. Sin embargo, tanto las empresas como las personas que hoy impulsan la reinvención, olvidan que no todo está sujeto a cambios y que hay cosas que están bien como están.

También se confunde la adaptación o evolución con reinventarse.

Por ejemplo, con la aparición del Covid-19 a finales de 2019 y durante el primer semestre de 2020, algunos sectores tuvieron que explorar otras formas de mantenerse operativos y seguir generando ingresos durante la pandemia.

El uso de las redes sociales con fines netamente comerciales fue una de esas soluciones.

La aplicación *Whatsapp* que, usualmente, era usada para conversaciones informales, se convirtió en un medio para hacer pedidos, compras, consultas y otras tantas opciones adicionales.

Que una panadería comenzara a hacer uso del *Whatsapp* para recibir sus pedidos o acordar métodos de pago y la forma de entregar sus productos, no entra precisamente en la calificación de reinventarse, simplemente se adaptó a los requerimientos que el mercado exigía.

La reaparición de los autocines es otro ejemplo de adaptación que descarta la reinvención.

Como el confinamiento impedía que las personas estuvieran en espacios cerrados, para evitar el riesgo de contagio, algunas empresas dedicadas al negocio del entretenimiento recurrieron a un esquema probado, conocido pero en desuso: el autocine.

La colocación de una pantalla gigante y la reproducción digital, o a través de un proyector, es algo que se ha venido usando en conciertos en las últimas décadas, como una variación de los autocines propios de los años 50 del siglo XX. No hay nada novedoso ni se puede catalogar de ingenioso, simplemente se trata de hacer uso de una idea probada en el pasado que se ajustaba a la realidad presente.

Véase de esta manera:

Una persona que vende productos artesanales, ya sean zafras o jarrones, puede hacer uso de Instagram, Facebook o Twitter para mostrarlos e incluso venderlos, pero eso no significa, nuevamente, que por hacer uso de las redes sociales ha reinventado la manera en que su nicho funciona.

Ahora bien, si la persona realizara diseños únicos, a través de algún tipo de *software quimera* y los vendiera a los interesados para que estos, por medio de una impresora 3D —bajo especificaciones muy

319

estrictas— los imprimiera en casa con el sello de calidad de su firma, sí, ahí se estaría hablando de una verdadera reinvención de ese negocio en particular.

Por lo tanto, hacer uso de las redes sociales para vender productos o servicios, o de espacios amplios y al aire libre para retomar el autocine; no se puede considerar como una reinvención, hacerlo equivale a suponer que, quien toma un clip y lo convierte en un llavero, es un genio.

Tanto la reingeniería como la reinvención exigen ir más allá de lo conocido, de lo probado, de lo existente; se trata de crear algo nuevo, obtener similares resultados haciendo uso de esa invención, la cual debe ser completamente distinta a lo que ya conocemos.

Un ejemplo de ello lo encontramos en los dispositivos de almacenamiento, memorias *flash* o *flashdrive*.

En los años 80 del siglo XX, existían los diskettes de 5 ¼ que llegaban a almacenar hasta 1.2 Mb, los cuales fueron reemplazados, posteriormente por los diskettes de 3 ½. La idea era prácticamente la misma, sólo que el tamaño era menor y su capacidad de almacenamiento se había incrementado a 1.44 Mb.

320

La aparición de los discos *Zip drive* (1994), representaba un sistema de almacenamiento similar al de los diskettes 3 ½, pero con mayor rango, de 100 a 250 Mb, sin embargo, simplemente se estaba en presencia de un disco más robusto y significativamente más costoso.

La reinvención de un sistema de almacenamiento apareció con los *pendrive*, como puede verse, daban solución al mismo problema del almacenamiento de datos, pero no poseían las mismas características de sus predecesores. Eran algo completamente nuevo. Y fueron lanzadas al mercado apenas 2 años después de los discos Zip, aunque comenzaron a comercializarse ampliamente a principio del año 2000.

Tres años más tarde de la aparición de los *flashdrives*, un nuevo formato se introdujo, las *memorias SD*, que podían encontrarse con la misma capacidad de sus antecesores y, cada vez con más frecuencia triplicando o cuatriplicando la capacidad de una memoria USB.

Eso es realmente una reinvención.

Reinventarse significa dar respuesta a un problema, necesidad o demanda de una manera completamente distinta a la existente, de forma más eficiente y, en algunos casos, más económica y versátil.

Los ejemplos sobran:

- **Netflix** cambió la manera de ver series y películas después de que la televisión por cable (o privada) terminara repitiendo los mismos errores que la televisión de señal abierta.
- **Airbnb** cambió la manera de pensar en el hospedaje, deslastrándose de los costos tradicionales que manejan los hoteles.
- **Uber** transformó la manera de ver y entender el servicio de taxis
- **Amazon books** cambió la manera de publicar y distribuir libros, haciendo a un lado todas las restricciones y limitaciones que las editoriales imponían a los autores.

Esas empresas realmente reinventaron la manera de hacer y disfrutar de los servicios, no se adaptaron, en su lugar crearon un punto de referencia.

Con base en lo anterior, queda claro que es un error suponer que una tienda de víveres se ha reinventado porque ahora recibe pedidos a través de las redes sociales.

Lo mismo aplica con las empresas que comenzaron a realizar reuniones virtuales para conocer el estado de la operación. O que mezclaron el trabajo presencial con el trabajo virtual.

Es importante señalar que la adopción de modas no es nada reprochable, pero es necesario aprender a distinguir entre una moda y una tendencia.

Aunque la Calidad Total surgió entre 1950 y 1960, cuando tuvo su mayor auge, en los años 80, se llegó a pensar que se trataba de una moda, para luego concluir que, definitivamente, era una herramienta indispensable para diferenciarse y competir en el mercado contemporáneo. Por lo tanto, la calidad total marcó la tendencia de producir sin defectos, lo cual ha perdurado desde su aparición.

Sin embargo, la reingeniería tuvo un auge y una caída, comenzó con mucha fuerza y, al avanzar, perdió impulso hasta caer prácticamente en el olvido, aun cuando se siguen haciendo uso de sus propuestas.

Lo mismo pasará con la reinvención, sin embargo, tal vez quede en el inconsciente colectivo plasmada la idea de buscar la manera de hacer uso de la tecnología existente y disponible para llegar cada vez más lejos o anclar la operación en un mercado.

Si bien es cierto que ese pensamiento ha estado orbitando la mente de empresarios y comerciantes desde que aparecieron tales expresiones; no es menos cierto que, como los cometas, ese pensamiento suele reaparecer cada cierto tiempo.

Ahora bien, no todo está sujeto a la reinvención, como ya se comentó al inicio.

Existen actividades que, por su naturaleza, siempre serán como son, sin importar cuán avanzada esté la tecnología que lo circunda.

Por ejemplo, la venta ambulante, la venta en ferias y eventos, la cosecha de algunas frutas y hortalizas y otras tantas actividades que han permanecido prácticamente invariable a lo largo de la historia.

Ciertamente se han introducido tecnologías que han facilitado mucho el trabajo de alguna de ellas, pero eso no significa que se ha reinventado la manera de sembrar y cosechar.

30

Un apartheid socio-laboral

Se ha hecho común hablar de las generaciones y las barreras que existen entre ellas, pero cuando se trata de estudiar cuántas hay y cuáles son sus características, hay algo que pareciera pasar desapercibido y tiene que ver, precisamente, con la primera generación a la que se hace referencia.

Como se sabe, la primera generación está ubicada entre 1920 y 1940, y se le ha llamado la generación silenciosa, tal vez porque es posterior a la primera guerra mundial y finalizó justo cuando iniciaba la segunda guerra, o bien porque sufrió la gran depresión de 1929 a 1939.

Luego de un vacío superior a un quinquenio, se comienza a hablar de la generación Baby Boomer (1946-1964), quienes aparecieron después de la segunda guerra mundial y disfrutaron de la bonanza económica de la época.

La generación X (1965-1979), la generación Y (1980-2000), también conocidos como los milennials, y más recientemente la generación Z (2001-2010), conocídos también como los centennials.

Si bien es cierto que pareciera existir todo un orden que ha descrito, clasificado y etiquetado a todas estas generaciones; no es menos cierto que sólo corresponden a los últimos 100 años de la historia reciente y que, en lugar de agregar valor al pensamiento administrativo y organizacional, ha generado brechas y barreras que, en la práctica, se han convertido en una especie de *apartheid* socio-laboral.

Cuesta trabajo imaginar que, antes de 1920, las personas responsables de la selección, o las empresas en general, se preocupaban por identificar a qué generación pertenecían los candidatos.

Cabe suponer que tales características eran irrelevantes, lo cual explicaría, al lector común, por qué no existen registros de la generación U, V, W, las que, por simple lógica, serían anteriores a las generaciones X, Y y Z.

Ahora bien, es importante destacar que estos arquetipos no necesariamente responden al total de la población que pretenden definir, y no deben ser considerados de manera literal, sólo muestras el comportamiento generalizado de un grupo, pero jamás de la población total del mismo.

Es por ese motivo que se hace importante hablar de las generaciones en forma condicional y en términos generales, sin descartar que existen excepciones en cada una de ellas que pueden o no coincidir con las generaciones existentes, ya sea de manera directa o indirecta, hacia adelante o hacia atrás.

Cuando se habla de los *milennials*, por ejemplo, haciéndoles parecer descuidados, desapegados, dependientes de un refuerzo constante e inseparable de las tecnologías, no se está diciendo que todas las personas que nacieron entre 1980 y 2000 son exactamente iguales, simplemente se señala que, en la mayoría de los casos, parecieran ser esos los comportamientos que más destacan; pero sería irresponsable suponer que todos los que

329

nacieron en esas dos décadas actúan, piensan y se comportan de la misma manera.

Otro ejemplo, más ilustrativo, corresponde a la generación *Baby Boomer*, nacidos entre 1946 y 1964, como ya se señaló.

Como se sabe, la computación comercial tuyo su mayor auge en la década de los 80, e internet comenzó a comercializarse en los primeros años de la década de los 90. Eso sitúa a esa generación, 16 años antes del uso masivo de las computadoras y 26 años antes del inicio de era digital, en el mejor de los casos y tomando en cuenta la fecha donde termina la franja que la divide de la generación X; por esta razón suele creerse que son personas que no se adaptan bien a la tecnología, que sus patrones son más analógicos y su pensamiento suele ser más mecánico que digital.

Pero la realidad es otra y, aunque cueste aceptarlo, sobran los ejemplos que demuestran que esa descripción es errada.

Veamos.

Bill Gates nació en 1955, por lo que forma parte de la generación *Baby Boomer*. Lo que hace que *Gates* sea un ejemplo significativo, es que su nacimiento ocurre 25 antes del auge de las computadoras y 35 años antes del uso comercial de internet.

En 2015, *Gates* arribó a sus 60 años y a esa edad se le consideraba, como aún se hace, una de las mentes más visionarias del siglo XX en materia de virtualidad, así como del uso y desarrollo de tecnología.

Un casi similar ocurre con *Steve Job*, quien comparte con *Gates* el mismo año de nacimiento y cuyos logros en el desarrollo de la vida tecno-dependiente, tal y como la conocemos, fue significativo y tras-cendental.

Obviamente, se trata de dos grandes mentes de la historia tanto del desarrollo de las computadoras como del software y sus aplicaciones en diferentes campos.

Cabe preguntarse ¿son ellos la excepción de la regla?

La respuesta inmediata es afirmativa, pero, al igual que ellos, existe un número de personas anónimas que han contribuido de manera directa o indirecta en todo el espectro tecnológico y digital con el que hoy se cuenta,

Un ejemplo de lo anterior puede encontrarse en Michael Aldrich, quien nació en 1941 (cinco años del inicio de la generación Baby Boomer), y a quien se le considera el padre del comercio electrónico, ya que, gracias a sus aportes, se logró crear la interconexión necesaria para que clientes y empresas, así como empresas y empresas, pudieran realizar compras y transacciones en línea.

Aldrich tenía casi cuarenta años cuando, en 1980, inventó el protocolo que permitiría dar inicio al comercio a través de medios virtuales, como ya se comentó.

Si bien es cierto que apenas se han señalado tres ejemplos que demuestran que no necesariamente una persona responde a la manera en que se ha definido su generación; no es menos cierto que dichos ejemplos sirven para reflexionar sobre la etiqueta con la cual, algunos responsables del proceso de selección, descartan o aprueban, en pocos minutos, a un candidato por pertenecer a una generación en particular.

Si bien puede parecer algo exagerado señalar de una especie de *apartheid* socio laboral la manera en que se descarta a un perfil por intentar postularse a una vacante que corresponde a una generación diferente a la que representa, el término utilizado permite establecer el grado de rigidez e injusticia al que se somete a algún candidato por el periodo en que nació y la manera en que se a categorizado a la generación que ello representa.

Las personas no pueden ser catalogadas como productos.

El hecho de haber nacido en un periodo de tiempo en particular, no equivale a un lote cuya calidad, duración y características son exactamente igual en cada uno de los productos embazados y distribuidos para esa fecha.

Ubicar a las personas en esa situación equivale a ignorar todo lo que se conoce en cuanto a la psicología individual, la cual establece que cada individuo es único, aun cuando comparta características similares a otros.

No parece muy profesional subdividir la población de aspirantes de acuerdo a las supuestas brechas generacionales que la categorización establece. Si bien eso puede servir para ciertas disciplinas, como el mercadeo, el mercado musical, tal vez en algunos niños de la moda o en el campo de la lectura, no necesariamente aplica para todos los aspectos relacionados con el ejercicio laboral.

En todo caso, las empresas o los responsables de la selección deben enfocarse en las competencias que el cargo exige y que el candidato posee, sin distingo de la edad y, por ende, de la generación a la que corresponde por causa de ella.

La existencia de personas que nacieron en una era completamente analógica y, a través de sus aportes y esfuerzos, la convirtieron en digital, o bien, ayudaron a que así fuera; indica que cualquier candidato, sin importar su edad, podría poseer los conocimientos, la inteligencia, la creatividad, la disposición y el interés para transformar un proceso o actividad, tal y como ahora se conoce, en una nueva y extraordinaria experiencia. No obstante, si se le sigue discriminando por su generación, nunca se sabrá ni se le dará la oportunidad de hacerlo.

GT
Glosario de términos
de acuerdo con la visión del autor

- **Cambiar**: Mejorar lo que se es sin perder la esencia.
- **Coestima**: Es aquella actitud o proceso que permite mantener motivado al individuo a través del intercambio, orientación y nivelación de las expectativas. Puede ser de dos tipos Personal u Organizacional.
- **Compensación**: Es aquello que se da, que se reconoce ante la pérdida de algo como consecuencia de la relación de trabajo. Justamente, se compensa lo que se ha dejado de hacer, practicar, obtener o disfrutar, por citar algunos ejemplos. No es una recompensa, no es una dádiva o un beneficio.

- **Competencias**: Talentos y Aptitudes propias o aprendidas que pueden desarrollarse, fortalecerse u orientarse para agregar valor a la persona.

- **Compromiso**: Acción de comprometerse. Empeñar la palabra. Obligarse con un algo en particular. Es la "obligación contraída, palabra dada, fe empeñada". Si se realiza un ejercicio simple de descomposición pareciera surgir la frase *"con promesa"*.

- **Expectativa**: Es el producto de la acción del binomio motivo-propósito. Aquello que se espera lograr.

- **Filosofía TEA**: Es el punto ideal de lo que debe ser la comunidad laboral porque resalta la necesidad del equilibrio en todos sus sentidos.

- **Identificación**: Vinculo que surge entre un individuo y todo aquello que coincide con lo que él desea experimentar, que se asemeja a sí mismo, le complementa o le resulta familiar, confortable, de interés e inspirador. Coincidencia de patrones, expectativas y sueños que son comunes entre diferentes actores ofreciéndole un rango de familiaridad, seguimiento y unión por convicción.

- **Inspirar:** Es la acción de suscitar en algo o alguien un sentimiento; una emoción, una reacción psíquica mas no física, por lo que no puede ligarse a la satisfacción de las necesidades básicas o sociales.

- **Intradisciplina**: Es la capacidad individual de aplicar el conocimiento adquirido en varias disciplinas tanto en beneficio personal como en el colectivo.

- **Lealtad**: Expresión espontánea y propia del individuo que se siente identificado con la empresa y atesora un importante sentido de pertenencia con la misma.

- **Madurez organizacional**: Punto en donde la empresa u organización posee tanto el conocimiento, la experticia y la capacidad de enfrentar cambios y acontecimientos de una manera objetiva, justa y oportuna, siempre bajo la visión de ganar-ganar.

- **Miopía gerencial**: Incapacidad de ver en su totalidad tanto las carencias como las fortalezas tanto de su personal como de su entorno.

- **Nivel de conocimiento**: Sitial donde se ubica el individuo de acuerdo a sus aptitudes y habilidades. Se espera que reemplace la palabra *cargo* en un futuro inmediato.

- **Planes de Carrera**: Herramienta de planificación de desarrollo de carrera que se basada en niveles que deben ser cubiertos en un tiempo específico durante la permanencia del empleado en la organización.

- **Planes de Sucesión**: Herramienta de planificación de desarrollo de carrera que se basa en las competencias del individuo para ubicarlo en el nivel de conocimiento que corresponda de acuerdo a su talento sin reparar en el tiempo que posea en la organización.

- **Proactividad**: Acción de adelantarse de manera consciente, programada y planificada a los hechos usualmente orientada a garantizar el éxito de una operación o tarea.

- **Profesional**: Todo aquel individuo que ejerce un oficio o profesión con mística, ética y calidad, sin que importe para ello si el conocimiento ha sido adquirido de manera formal o empírica.

- **Valor agregado**: Elemento que se adiciona a un proceso, producto o servicio generando un avance tal en su condición que no permite la involución, por lo tanto no puede ser desagregado.

- **Zeitgeist Gerencial**: Modelo organizacional circular basado en el conocimiento que carece de las estructuras tradicionales y se rige por paradigmas emergentes. Este modelo fue desarrollado por el autor en 1997.

NT

Notas del autor

[01] **Principio de Peter**: De acuerdo a una reseña de la Revista Dinero, este principio "es una teoría de la década de 1960 que establece que las personas que realicen bien su trabajo suelen ser promocionadas a puestos de mayor responsabilidad, en los cuales terminan siendo incompetentes. Véase:

https://www.dinero.com/management/articulo/el-principio-de-peter-por-que-un-excelente-trabajador-no-siempre-es-el-mejor-gerente/275692

[02] **Nepotismo**: Según la RAE se refiere a la "desmedida preferencia que algunos dan a sus pari entes para las concesiones o empleospúblicos"

[03] **Nuevos paradigmas de selección**: Este tema es explicado en el libro Diálogos Gerenciales (2020).

[04] Isla organizacional:

[05] **Filosofía TEA**: Este tema es explicado en el libro Diálogos Gerenciales (2020).

[06] **Coestima**: Este tema es explicado en el libro Diálogos Gerenciales (2020).

[07] **Teoría del Saltamontes**: Este tema es explicado a detalle en el libro homónimo de 2020.

[08] **Networking**: De acuerdo a Economipedia "es una actividad cuyo objetivo es ampliar la red de contactos profesionales. Véase:

https://economipedia.com/definiciones/networking.html

[09] **Empresas que aprenden**: Es la manera en que *Peter Senge* se refería a las organizaciones que creaban una cultura orientada al desarrollo, al aprendizaje y a la capacidad de asimilar los cambios.

[10] **Compromiso vs Indentificación**: Este tema es explicado en el libro Diálogos Gerenciales (2020).

[11] **Instradisciplina**: Este término fue acuñado por mí al explicar y conceptualizar el modelo de organización circular *Zeitgeist Gerencial*, en 1997

[12] **Cliente trigénico**: Este tema es explicado en el libro Diálogos Gerenciales (2020).

[13] La imagen fue tomada de la página web: https://periodistaparia.files.wordpress.com/2013/03/mafalda-001-1.jpg

[14] La imagen fue tomada de:

https://invdes.com.mx/ciencia-ms/la-suerte-del-gato-schrodinger-no-la-decide-observador/

[15] El contenido citado fue tomado de:

http://rincondelaciencia.educa.madrid.org/Curiosid/Rc-31/RC-31.html

OTROS LIBROS DE DISPONIBLES

Disponible en
amazon

Conozca más de 30 temas, en su mayoría conformado por propuestas y teorías propias del autor, para transformar el mundo administrativo y gerencial

Disponible en
amazon

Descubra cómo saltar con éxito a un mejor escenario y conviértase en un saltamontes

OTROS LIBROS DE DISPONIBLES

Descubra cómo los opuestos le ayudarán a alcanzar sus sueños y metas, así como su relación que guarda con la *Teoría del Saltamontes*
Pedidos a: info@skpconsultores.com

Disponible en
amazon

5 historias para entretener a los niños y hacer reflexionar a los adultos

OTROS LIBROS DE DISPONIBLES

Disponible en

Los aspectos más importantes de las PyMEs presentados de una manera sencilla y pragmática

Disponible en

12 tenas que exploran la estrecha relación entre el cumplimiento de los sueños de los empleados y el éxito de las empresas

Conferencias, cursos y talleres reflexivos
empresariales, o para todo público, sobre este y
otros temas, están disponibles.

Siga y/o contacte a Félix Socorro

a través de Twitter e Instagram

@felixsocorro

Encuéntrelo también en otras

redes sociales

www.ingramcontent.com/pod-product-compliance
Lightning Source LLC
Chambersburg PA
CBHW021349210526
45463CB00001B/32